AF613800

SÉCURITÉ DE LA NAVIGATION

ET

RÉGLEMENTATION DU TRAVAIL A BORD DES NAVIRES

Règlement d'administration publique

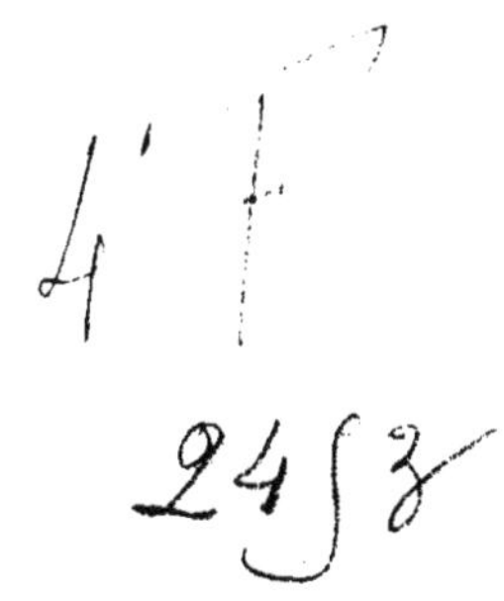

MARINE MARCHANDE

Sécurité de la Navigation
et
Réglementation du Travail
à bord des navires

Décrets des 20 et 21 septembre 1908
portant
RÈGLEMENT D'ADMINISTRATION PUBLIQUE
pour l'application de la Loi du 17 avril 1907
(rendu applicable en Algérie le 7 avril 1910)

PARIS
SOCIÉTÉ D'ÉDITIONS
GÉOGRAPHIQUES, MARITIMES ET COLONIALES
ANCIENNE MAISON **CHALLAMEL** FONDÉE EN 1839
184, BOULEVARD SAINT-GERMAIN (VIe)

1930

NOUVELLE ÉDITION MODIFIÉE
conformément aux décrets du 10 avril 1909, 4 août 1910, du 21 juin 1912, du 7 mars 1913, du 21 avril 1914, du 1er septembre 1925 et du 16 septembre 1926.

ARRETÉ

désignant les Sociétés de classement reconnues pour l'exécution de la Loi du 17 avril 1907.

Le ministre de la Marine,

Vu la loi du 17 avril 1907, concernant la sécurité de la navigation maritime et la réglementation du travail à bord des navires de commerce;

Vu l'avis du conseil supérieur de la navigation militaire en date du 24 août 1908,

Arrête :

Art. 1er. — Les sociétés du bureau Véritas et du Lloyd's Register of British Foreign Shipping sont admises au nombre des registres de classification dont la première cote fait bénéficier les navires auxquels elle a été accordée, des dispenses indiquées par la loi du 17 avril 1907 et les règlements d'administration publique rendus pour l'exécution de cette loi.

Art. 2. — Pour le bureau Véritas, la première cote est exprimée, pour les navires en fer ou en acier, par le symbole 3/3 1.1 et, pour les navires en bois, par l'un des symboles 3/3 1.1 ou 5/6 1.1.

Pour le Lloyd's Register of British and Foreign Shipping, elle est exprimée, pour les navires en fer ou en acier, par le symbole 100 A et, pour les navires en bois, par les symboles A 1 et A 1 (rouge).

Paris, le 5 septembre 1908.

Gaston Thomson.

RÈGLEMENT

SUR

L'ORGANISATION DU TRAVAIL A BORD

DES NAVIRES DE COMMERCE ET DE PÊCHE

RAPPORT

AU PRÉSIDENT DE LA RÉPUBLIQUE FRANÇAISE

Paris, le 20 septembre 1908.

Monsieur le Président,

Aux termes de l'article 54, nos 2, 3, 4 et 5 de la loi du 17 avril 1907, concernant la sécurité de la navigation maritime et la réglementation du travail à bord des navires de commerce, un règlement d'administration publique, rendu sur la proposition du ministre de la Marine et du ministre du Commerce et de l'Industrie, après avis du conseil supérieur de la navigation maritime, doit :

1o Fixer les règles organisant les quarts pour l'état-major du pont et le personnel des machines;

2o Organiser le travail à bord des bâtiments de pêche de plus de 25 tonneaux, et sur les bâtiments de commerce de plus de 25 tonneaux et de moins de 200 tonneaux pratiquant des navigations autres que le long cours et le cabotage international;

3o Déterminer les exceptions que, d'une manière générale, doit comporter la réglementation du travail édictée par les articles 21 à 30 de la loi, que ces exceptions soient motivées par la brièveté des traversées, la fréquence et la durée des séjours dans les ports, la nature du service auquel le navire est destiné, ou pour toute autre cause.

Nous avons l'honneur de vous proposer, monsieur le Président, de vouloir bien revêtir de votre haute sanction le projet de ce règlement, qui a été délibéré et adopté par le conseil d'État dans sa séance du 7 août dernier.

Pour en arrêter les dispositions, qui constituent une nouveauté dans la réglementation maritime, nous nous sommes constamment efforcés de donner satisfaction à celles des revendications des équipages qui nous ont paru légitimes, tout en gardant le souci des intérêts de la navigation et de la nécessité de ne pas imposer à l'armement français des obligations excessives, qui l'auraient placé en état d'infériorité vis-à-vis de la concurrence étrangère. Les armateurs et les inscrits maritimes, également représentés au sein du conseil supérieur de la navigation maritime, nous ont aidés à mener à bonne fin cette œuvre de conciliation, qu'il est permis de considérer comme constituant une réglementation du travail équitable et conforme aux intentions du législateur.

Nous vous prions d'agréer, monsieur le Président, l'hommage de notre profond respect.

Le ministre de la Marine,
Gaston Thomson.

Le ministre du Commerce et de l'Industrie,
Jean Cruppi.

Le Président de la République française,

Sur le rapport du ministre de la Marine et du ministre du Commerce et de l'Industrie,

Vu la loi du 17 avril 1907, concernant la sécurité de la navigation maritime et la réglementation du travail à bord des navires de commerce, et notamment l'article 54 ainsi conçu :

« Un règlement d'administration publique rendu sur la proposition du ministre de la Marine et du ministre du Commerce et de l'Industrie, après avis du conseil supérieur de la navigation maritime, déterminera :

« 1° . . . .

« 2° Les circonstances dans lesquelles l'autorité maritime pourra exiger que le service du pont, pour les officiers, soit organisé en plus de deux quarts;

« 3° Les cas, autres que ceux indiqués au paragraphe 1er de l'article 25, dans lesquels le personnel des machines devra comprendre trois quarts;

« 4° Les conditions dans lesquelles le travail sera organisé sur les navires visés à l'article 32 de la présente loi;

« 5° Les exceptions que, d'une manière générale, devra comporter la réglementation du travail édictée par les articles 21 à 30 inclus, que ces exceptions soient motivées par la brièveté des traversées, la fréquence et la durée des séjours dans les ports, la nature du service auquel le navire est destiné, ou pour toute autre cause; »

Vu l'avis du conseil supérieur de la navigation maritime;

Le Conseil d'État entendu, **Décrète :**

DÉCRET DU 20 SEPTEMBRE 1908

CHAPITRE Ier

Organisation des quarts pour l'état-major du pont et le personnel des machines.

ART. 1er. — Sur les navires ayant à bord, avec le capitaine, au moins deux officiers, le service du pont est organisé en plus de deux quarts pour les officiers, dans les cas ci-après, savoir :

Sur les navires à voiles, lorsqu'ils sont armés pour une destination de long cours au delà des caps Horn ou de Bonne-Espérance;

Sur les navires à vapeur :

a) Lorsqu'ils ont une jauge brute d'au moins 3.000 tonneaux;

b) Lorsqu'ils doivent effectuer une traversée d'une durée normale de plus de dix jours;

c) Lorsque le voyage qu'ils doivent accomplir comporte, soit à la mer, soit dans les ports, un service continu entraînant, pour l'un des officiers, plus de douze heures rétribuées de travail supplémentaire, par période de sept jours consécutifs.

ART. 2. — Sur les navires de commerce autres que ceux désignés à l'article 25 de la loi du 17 avril 1907, ayant 200 tonneaux et au-dessus de jauge brute, le service des machines doit être organisé en trois quarts, quand l'organisation à deux quarts aurait pour effet d'imposer au personnel de la machine plus de dix heures de travail par jour, pendant plus de deux jours consécutifs.

CHAPITRE II

Réglementation du travail à bord des bâtiments de pêche de plus de 25 tonneaux et sur les bâtiments de commerce de plus de 25 et de moins de 200 tonneaux, pratiquant des navigations autres que le long cours et le cabotage international.

SECTION 1re

Bâtiments de pêche de plus de 25 tonneaux.

Art. 3 *nouveau.* (Décret du 4 août 1910.) — « A bord de tout navire armé aux grandes pêches, il doit y avoir, avec le capitaine, un second possédant soit un brevet ou diplôme lui permettant de commander le navire, soit le brevet de capitaine au long cours, de lieutenant au long cours ou de capitaine au cabotage, soit le diplôme d'élève ou d'officier de la marine marchande, et au moins un autre officier diplômé ou ayant fait à un titre quelconque deux campagnes de grande pêche.

« Seront dispensés de ces conditions et pourront exercer les fonctions de second, les marins qui, antérieurement au 31 décembre 1912, auront, en fait, exercé durant deux campagnes de grande pêche, et auront justifié, en passant un examen spécial, qu'ils possèdent les connaissances nautiques nécessaires pour assurer la sécurité de la navigation. »

Art. 4. — Tout mécanicien chargé de la conduite de la machine sur un bâtiment de pêche à propulsion mécanique doit être breveté.

Tout mécanicien chef de quart sur un bâtiment de pêche à vapeur d'au moins 500 chevaux doit être breveté.

A titre transitoire, sont dispensés de toute autre justification les hommes qui, au moment de la mise en vigueur du présent règlement, auront exercé durant deux campagnes de pêche les fonctions de chef mécanicien ou de mécanicien chef de quart, suivant les cas.

Art. 5. — Les bâtiments de pêche de plus de 25 tonneaux, s'éloignant habituellement du port pendant une durée de plus de soixante-douze heures, sont soumis aux dispositions suivantes :

En route, le personnel du pont comprend deux quarts au moins; le personnel de la machine comprend deux ou trois quarts, suivant que la durée normale du voyage pour se rendre sur les lieux de pêche est inférieure ou non à quarante-huit heures.

Sur les lieux de pêche, il est accordé chaque jour aux hommes un repos minimum de huit heures, qui peut être réduit à six heures pendant cinq jours au plus.

Dans le port ou sur une rade abritée, le travail du personnel du pont ne peut être prolongé pendant plus de dix heures, si ce n'est pour le déchargement du poisson; le travail du personnel de la machine ne doit pas excéder neuf heures.

Art. 6. — L'organisation du service à bord incombe au capitaine du navire; il lui appartient, notamment, de fixer l'heure à laquelle commence la journée de travail pour le roulement des quarts, ainsi que la durée de chaque quart.

Le tableau réglant l'organisation du travail à la mer établi par le capitaine du navire, visé par l'inspecteur de la navigation et consigné sur le journal de bord, est affiché dans les postes d'équipage. Les modifications apportées à ce tableau en cours de route, sont également consignées sur le journal de bord et affichées dans les postes d'équipage.

Art. 7 *nouveau.* (Décret du 4 août 1910.) — « Aucun homme de l'équipage d'un navire de pêche ne peut refuser ses services, quelle que soit la durée des heures de travail qui lui sont commandées.

« Mais, hors le cas de force majeure et ceux où soit le salut du navire ou de l'équipage, soit la conservation des engins et des produits de pêche est en jeu, cas dont le capitaine est juge, toute heure de travail commandée au delà des limites fixées par l'article 5 donne lieu à une allocation supplémentaire dont le montant est fixé dans les contrats d'engagement.

« Le capitaine du navire doit faire mention, sur le journal de bord, des circonstances exceptionnelles visées au paragraphe précédent. »

Art. 8. — Il est tenu sur chaque navire un registre coté et paraphé par l'administrateur de l'inscription maritime.

Le capitaine y relate les circonstances exceptionnelles mentionnées au livre de bord et qui l'ont amené à ordonner des heures de travail supplémentaire.

Lorsque ces heures de travail donnent droit à des allocations supplémentaires, le décompte des allocations, avec la désignation des bénéficiaires, est inscrit sur le registre.

Ces mentions sont visées par un représentant du personnel du pont ou du personnel de la machine, suivant les cas.

Le registre est mis à la disposition des membres de l'équipage, qui peuvent y consigner leurs observations.

Art. 9. — Le taux de la rémunération des heures supplémentaires, réglé selon les contrats et usages, est porté au rôle d'équipage ainsi qu'au registre prévu à l'article précédent.

Art. 10. — Les représentants du personnel du pont et du personnel des machines sont pris, chaque semaine, dans chacune des deux catégories par roulement suivant l'ordre du rôle d'équipage, le premier étant tiré au sort.

Ce tirage au sort est effectué par le capitaine en présence d'un délégué du personnel du pont et d'un délégué du personnel des machines, le jour du départ du navire.

Les novices et les mousses ne peuvent jamais être appelés à représenter le personnel.

Art. 11 *nouveau*. (Décret du 4 août 1910.) — « Les mousses et novices doivent être assurés, dans tous les cas, d'un repos minimum et non interrompu de huit heures sur vingt-quatre et d'autres repos qui complètent le total de douze heures.

« De huit heures du soir à quatre heures du matin, les mousses et les novices ne peuvent être employés à aucun travail qu'à celui de la pêche.

« Ce travail de nuit ne peut d'ailleurs se prolonger pendant plus de trois jours consécutifs suivis de quatre jours d'interruption sur les navires de grande pêche et plus de deux nuits consécutives sur les autres navires de pêche.

« Les mousses et les novices de moins de dix-sept ans ne peuvent être embarqués sur les doris de pêche. »

Art. 12. — Lorsque le personnel des machines n'a pu, en route, bénéficier du repos hebdomadaire à raison des exigences du service, le capitaine doit, autant que possible, accorder ce repos soit collectivement, soit par roulement et dans la mesure où les hommes en ont été privés. Ce repos est accordé dès que le navire fait escale dans un port ou sur une rade abritée de France, des colonies françaises ou de l'étranger, si la durée de cette escale permet de donner ledit repos à la moitié au moins du personnel visé ci-dessus.

SECTION II

Bâtiments de commerce de 25 à 200 tonneaux de jauge brute et pratiquant des navigations autres que le long cours et le cabotage international.

Art. 13. — Tout mécanicien chargé de la conduite de la machine à vapeur sur un bâtiment de commerce de 25 à 200 tonneaux de jauge brute, pratiquant des navigations autres que le long cours et le cabotage international, doit être breveté.

Art. 14. — Sur ces navires, hors les cas de force majeure et ceux où le salut du navire, des personnes embarquées ou de la cargaison est en jeu, cas dont le capitaine est juge et qu'il doit mentionner au livre de bord, aucun homme de l'équipage du pont ne peut être astreint à faire, sans une rémunération supplémentaire, calculée conformément aux contrats et usages, pour les six jours de travail de la semaine plus de 72 heures de travail s'il appartient au personnel du pont, et plus de 54 heures lorsqu'il fait partie du personnel de la machine et que le service de la machine est réglé à deux quarts.

Art. 15. — Les dispositions des articles 6, 8, 9, 10 et 12 sont applicables aux navires visés à la présente section.

CHAPITRE III

Exceptions et dispositions spéciales.

ART. 16. — Sur les navires de commerce de 200 tonneaux et au-dessus de jauge brute, il ne peut n'y avoir soit pour le pont, soit pour la machine, qu'une seule bordée lorsque, à raison de la brièveté des traversées, le service du bord peut être organisé de manière à satisfaire, pour un intervalle de vingt-quatre heures, aux conditions suivantes :

1° La durée totale du travail ne dépasse pas douze heures pour le personnel du pont, et neuf heures pour le personnel de la machine;

2° Le service ne comporte pas plus de sept heures de travail consécutif sur le pont, et plus de cinq heures de travail consécutif dans la machine;

3° Le personnel bénéficie d'un repos ininterrompu de six heures au moins.

En ce qui concerne les heures de travail supplémentaires ces navires sont soumis, quel que soit leur tonnage, aux règles fixées par l'article 14 ci-dessus.

ART. 17. — Les prescriptions des articles 21 à 28 de la loi du 17 avril 1907 ne s'appliquent pas aux navires employés à des opérations de pilotage, de renflouage, d'assistance ou de sauvetage.

Il en est de même pour les navires employés à des opérations de remorquage, pourvu que la durée du travail ne dépasse pas soixante-douze heures sur le pont et cinquante-quatre heures dans la machine, pendant les six jours de travail de chaque semaine.

ART. 18. — Les dispositions du deuxième paragraphe de l'article 25 de la loi du 17 avril 1907 ne sont pas applicables lorsqu'un corps ou groupe de chaudières comporte, dans une même chaufferie, 4 fourneaux ou 4 portes, mais que la surface totale de grille n'excède pas :

1° 7 mètres carrés 30, s'il s'agit de chaudières ordinaires à retour de flamme fonctionnant au tirage naturel;

2° 7 mètres carrés, s'il s'agit de chaudières à tubes d'eau fonctionnant au tirage naturel;

3° 6 mètres carrés, s'il s'agit de chaudières fonctionnant au tirage forcé par soufflage;

4° 5 mètres carrés, s'il s'agit de chaudières fonctionnant au tirage forcé accéléré.

La surface de grille ci-dessus envisagée se mesure, pour les chaudières à tubes de flamme, depuis l'origine du foyer jusqu'au plan de la plaque à tubes arrière. Pour les chaudières à tubes d'eau, cette surface se mesure jusqu'à l'autel.

Les dispositions du deuxième paragraphe du même article 25 ne sont pas applicables, lorsque le navire est pourvu d'installations automatiques ou possède des moyens de chauffage réduisant le travail du personnel.

Art. 19. — Quand, par suite d'un cas de force majeure, le navire se trouve privé, au cours d'un voyage, d'un des officiers, soit du pont, soit de la machine, prévus par la loi du 17 avril 1907 et par le présent règlement, le capitaine doit pourvoir à son remplacement à la première escale dans un port de France ou d'Algérie.

Toutefois, le capitaine peut être déchargé de cette obligation par l'administrateur de l'inscription maritime du port d'escale si, eu égard à la durée de cette escale et aux ressources du port, ce fonctionnaire déclare que le remplacement ne peut être effectué ; cette déclaration est mentionnée au rôle d'équipage.

Art. 20. — Le ministre de la Marine et le ministre du Commerce et de l'Industrie sont chargés, chacun en ce qui le concerne, de l'exécution du présent décret, qui sera publié au *Journal officiel* et inséré au *Bulletin des lois.*

Fait à Rambouillet, le 20 septembre 1908.

A. Fallières.

Par le Président de la République :

Le ministre de la Marine,
Gaston Thomson.

Le ministre du Commerce et de l'Industrie,
Jean Cruppi.

RAPPORT

AU PRÉSIDENT DE LA RÉPUBLIQUE FRANÇAISE

Paris, le 21 juin 1912.

Monsieur le Président,

Le règlement d'administration publique du 21 septembre 1908, rendu en exécution de l'article 53 de la loi du 17 avril 1907, sur la sécurité de la navigation maritime et l'organisation du travail à bord des navires de commerce, a déterminé, dans son article 1er, les renseignements que les propriétaires des navires doivent fournir à l'appui de la demande qu'ils forment en vue d'obtenir le premier permis de navigation.

La formule qui figure au n° 5 dudit article 1er et qui détermine les règles à suivre pour le calcul de la surface de grille des foyers, dont les dimensions doivent être indiquées par les propriétaires des navires, a donné lieu à certaines critiques et j'ai reconnu qu'il convenait, en effet, de la modifier.

D'autre part, le même règlement a fixé, dans ses articles 66 et 67, la nomenclature des instruments et documents nautiques et des objets d'armement et de rechange dont ces navires doivent être pourvus, suivant la navigation qu'ils pratiquent.

Or, l'article 66 a fait entrer dans la même catégorie, au point de vue du matériel dont ils doivent être porteurs, les navires affectés à une navigation de long cours, de cabotage international ou de grand cabotage national. L'expérience a démontré que cette uniformité de traitement, pour des bâtiments effectuant des parcours très différents, offrait des inconvénients et qu'il était excessif d'imposer les mêmes objets d'armement et de rechange à un navire faisant la traversée de Calais à Douvres et à un navire partant de la Baltique pour aller jusqu'au fond de la mer Noire.

J'ai donc reconnu la nécessité d'introduire dans l'article 66 la distinction existant déjà dans la loi du 17 avril 1907, aux articles 21 et 25, entre les navigations éloignant le navire de 400 milles de tout port français et celles qui éloignent le navire de moins de 400 milles, ce dernier pouvant se contenter d'un matériel plus réduit et moins coûteux.

En outre, j'ai été amené à apporter à l'article 67, qui contient la nomenclature même des instruments et documents nautiques et des objets d'armement et de rechange, quelques légères modifications ou adjonctions, qui ne peuvent être qu'avantageuses pour la sécurité de la navigation maritime.

Par ailleurs, j'ai constaté que, d'après l'article 86 du même règlement d'administration publique, le matériel dont les embarcations de sauvetage doivent être pourvues ne comprend obligatoirement un compas que sur les embarcations du type n° 1; au nombre de 4 au moins et dans la limite du tiers du nombre total des embarcations du navire.

Cette disposition s'explique lorsqu'il s'agit de bâtiments transportant des passagers, visés par l'article 79 dudit règlement et tenus, en raison de leur genre de navigation, d'avoir des embarcations de sauvetage appartenant pour moitié au type n° 1 : en cas de sinistre, les embarcations du type n° 1 deviennent, en effet, chefs de groupe et indiquent la route à suivre aux embarcations non munies de compas. C'est, du reste, dans cet esprit qu'elle a été adoptée par les rédacteurs du règlement de 1906.

Elle ne paraît pas, d'autre part, devoir présenter d'inconvénients graves, si l'on envisage des bâtiments à passagers, visés à l'article 80 du même règlement, qui peuvent n'avoir à bord que des embarcations du type n° 2, les bâtiments de cette catégorie ne s'éloignant pas de la côte.

Mais il en est autrement en ce qui concerne les navires de commerce ou de pêche, qui, n'étant pas destinés au transport des passagers (art. 81 et 100 (ancien 101) du règlement), ne sont pas obligés de posséder des embarcations du type n° 1, bien qu'effectuant des voyages qui les éloignent des côtes autant que les bâtiments munis obligatoirement d'embarcations de ce type. Leurs équipages devraient, en cas de naufrage, se réfugier sur des canots dont aucun n'est pourvu d'un compas.

Pour remédier à cette situation j'ai l'honneur de vous proposer d'incorporer à l'article 86 du règlement de 1908 la disposition nouvelle qui fait l'objet de l'article 2 du projet de décret que je soumets ci-joint à votre haute sanction, d'accord avec M. le ministre du Commerce et de l'Industrie, et qui a reçu l'adhésion du conseil supérieur de la navigation maritime et celle du Conseil d'État.

Je vous prie d'agréer, monsieur le Président, l'hommage de mon profond respect.

Le ministre de la Marine,
DELCASSÉ.

Le texte des art. 1,66,67 et 86 du règlement d'Administration publique ci-après a été modifié conformément au décret du 21 juin 1912. — Les parties modifiées sont en italique. Les tableaux de l'article 67 ont été remaniés conformément au décret du 21 juin 1912.

RÈGLEMENT

SUR LA

SÉCURITÉ DE LA NAVIGATION MARITIME
ET L'HYGIÈNE A BORD

DES NAVIRES DE COMMERCE, DE PÊCHE ET DE PLAISANCE

RAPPORT

AU PRÉSIDENT DE LA RÉPUBLIQUE FRANÇAISE

Paris, le 21 septembre 1908.

Monsieur le Président,

L'article 53 de la loi du 17 avril 1907, concernant la sécurité de la navigation maritime et la réglementation du travail à bord des navires de commerce, a laissé à un règlement d'administration publique, rendu sur la proposition du ministre de la Marine et du ministre du Commerce et de l'Industrie, après avis du conseil supérieur de la navigation maritime, le soin de déterminer les dispositions destinées à assurer la sécurité et l'hygiène du bord.

L'étendue de cet acte, son importance et l'attention minutieuse avec laquelle il importait d'en examiner les termes, expliquent la longueur du temps écoulé entre la promulgation de la loi et son achèvement.

La réunion de tous les éléments d'étude, renseignements, avis et documents nécessaires, a occupé une grande partie de cette période. Il a paru en effet indispensable d'appeler les autorités maritimes des ports à faire connaître leurs observations et propositions, basées sur leur expérience des défectuosités et des lacunes de l'ancienne réglementation. De plus, les armateurs, d'une part, les inscrits maritimes, d'autre part, ont été invités à fournir l'exposé de leurs desiderata. Enfin, de nombreux documents sur les législations étrangères susceptibles de servir d'indications ont été réunis, traduits et classés, suivant les questions auxquelles ils se rapportaient.

Le dépouillement et l'étude de tous les renseignements recueillis au cours de cette vaste enquête ont ensuite été effectués avec soin, et toutes les propositions formulées ont fait l'objet, jusque dans les moindres détails, d'un examen approfondi.

Après l'administration de la marine, le conseil supérieur de la navigation maritime a dû fournir, à son tour, un effort considérable. Au cours de ses délibérations, commencées en février 1908 et poursuivies jusqu'à ces derniers jours, il s'est efforcé de concilier, dans la plus large mesure possible, les intérêts des armateurs avec ceux des personnes embarquées, et de n'imposer à l'armement nulle charge qui ne fût indispensable pour assurer la sécurité de la navigation et l'hygiène des équipages et des passagers.

L'article 54, n° 1, de la même loi, disposant qu'un règlement d'administration publique déterminera les prescriptions applicables aux navires en service au moment de sa mise en vigueur, il a paru que ce texte devait prendre place à la fin du règlement concernant la sécurité de la navigation. La plus grande prudence a présidé au choix de ses dispositions et il n'a été exigé des bâtiments dont il s'agit, que les améliorations de détail reconnues indispensables et faciles à exécuter. De plus, le bénéfice des dispenses qui font l'objet du chapitre intitulé « Dispositions transitoires » a paru devoir être étendu aux navires en construction, qui seront achevés avant l'expiration d'un délai de deux années à partir de la mise en vigueur de la loi.

Tel est, monsieur le Président, l'esprit dans lequel a été élaboré le projet de règlement dont il s'agit, que le conseil d'État a adopté dans sa séance du 7 août dernier, et que nous avons l'honneur de soumettre à votre haute sanction.

Nous vous prions d'agréer, monsieur le Président, l'hommage de notre profond respect.

Le ministre
du Commerce et de l'Industrie,
Jean Cruppi.

Le ministre de la Marine,
Gaston Thomson.

Le Président de la République française,

Sur le rapport du ministre de la Marine et du ministre du Commerce et de l'Industrie;

Vu la loi du 17 avril 1907, concernant la sécurité de la navigation maritime et la réglementation du travail à bord des navires de commerce et, notamment, les articles 53 et 54, n° 1, ainsi conçus :

Art. 53. — « Un règlement d'administration publique, rendu sur la proposition du ministre de la Marine et du ministre du Commerce et de l'Industrie, après avis du conseil supérieur de la navigation maritime, fixera :

« 1° Les renseignements, dessins et plans que devra contenir toute demande adressée à l'administrateur de l'inscription maritime par le propriétaire d'un navire de plus de 25 tonneaux de jauge brute, en vue d'obtenir un permis de navigation;

« 2° Le cube d'air des locaux affectés à l'habitation de l'équipage et des personnes embarquées, et les dispositions générales propres à en assurer la salubrité, l'installation des couchettes, lavabos et autres détails afférents à ces locaux, les mesures de propreté et d'entretien qui y seront observées et les aménagements nécessaires à la bonne conservation des vivres et des boissons;

« 3° Les conditions que devront remplir les appareils à vapeur, qu'il s'agisse d'un navire à vapeur ou à propulsion mécanique, ou d'un navire comportant des appareils à vapeur;

« 4° L'énumération des instruments nautiques et de tous les objets d'armement et de rechange qui devront être obligatoirement à bord de tout navire, ainsi que les conditions auxquelles doivent satisfaire ces différents instruments pour remplir leur destination;

« 5° L'énumération des installations, embarcations, appareils ou engins de sauvetage que devra posséder le navire en vue d'assurer le sauvetage collectif ou individuel, ainsi que les communications, en cas de sinistre, du navire avec la terre;

« 6° Le détail du matériel médical et pharmaceutique, établi d'après la durée de navigation et le chiffre du personnel embarqué;

« 7° Les règles générales d'après lesquelles sera calculé le tirant d'eau maximum et seront apposées les marques qui devront indiquer ce maximum sur la coque des navires, règles pour la détermination desquelles il sera fait appel au concours de sociétés de classification reconnues par le ministre de la Marine;

« 8° Les règles générales d'après lesquelles sera calculé, pour les navires à passagers, le nombre maximum de ceux-ci;

« 9° Les règles d'après lesquelles il pourra être exigé un médecin à bord des navires de commerce;

« 10° Les détails relatifs au fonctionnement de la commission supérieure et à la procédure à suivre pour les appels, avis, enquêtes et expertises;

« 11° Les conditions dans lesquelles la présente loi et les règlements d'administration publique rendus pour assurer son exécution seront portés à la connaissance des intéressés.

« Les prescriptions de ce règlement d'administration publique qui entraîneraient des modifications notables d'aménagement, d'installation ou de construction, ne seront pas applicables aux navires en service au moment de la mise en vigueur de la loi.

Art. 54. — « Un règlement d'administration publique, rendu sur la proposition du ministre de la Marine et du ministre du Commerce et de l'Industrie, après avis du conseil supérieur de la navigation maritime, déterminera;

« 1° Celles des prescriptions qui ne seront pas applicables ou qui ne seront applicables que sous certaines réserves aux navires en service au moment de la mise en vigueur de la présente loi;

« 2° . . . . »

Vu les règles et tables dites de « franc bord » dressées par la société de classification reconnue du « bureau Véritas [1] »;

Vu l'avis du conseil supérieur de la navigation maritime;

Le Conseil d'État entendu,

Décrète :

1. La société du bureau Véritas a été reconnue par arrêté du 5 septembre 1908.

DÉCRET DU 21 SEPTEMBRE 1908

CHAPITRE Ier

Renseignements, dessins et plans que doit contenir toute demande de permis de navigation.

Art. 1er. — La demande formée par le propriétaire d'un navire de plus de 25 tonneaux de jauge brute, en vue d'obtenir le permis de navigation visé par l'article 1er de la loi du 17 avril 1907, doit mentionner, en outre, s'il s'agit d'un navire à propulsion mécanique, à vapeur ou autre, ou d'un navire comportant des appareils à vapeur ou des moteurs mécaniques :

1° Le nom du constructeur du navire, le lieu de construction et la date de la mise à l'eau.

2° Le nombre maximum d'hommes d'équipage (pont, machine, service général) auxquels peuvent être affectés les locaux du bord ;

3° La cote que possède le navire sur le registre d'une société de classification reconnue, si le propriétaire désire bénéficier des dispositions prévues en faveur des navires cotés.

Elle doit mentionner, en outre, s'il s'agit d'un navire à propulsion mécanique, à vapeur ou autre, ou d'un navire comportant des appareils à vapeur ou des moteurs mécaniques :

1° Le système des machines motrices et leur puissance en chevaux de 75 kilogrammètres par seconde indiquée sur les pistons;

2° Les dispositions générales de l'appareil moteur, à savoir : nombre et type des machines alternatives (nombre de cylindres et nombre des hélices), nombre et types des turbines (nombre des turbines de marche avant et arrière), haute et basse pression ;

3° Les moteurs auxiliaires de toute nature, la puissance indiquée en chevaux de chacun d'eux, ou à défaut, leur puissance effective ;

4° Le nombre des chaudières et leur type, avec l'indication d'un numéro d'ordre distinctif pour chacune d'elles;

5° (*Texte nouveau, conforme au décret du 21 juin 1912.*) — Le système de tirage (forcé ou naturel); le nombre des foyers de chaque chaudière principale ou auxiliaire, le nombre total de foyers de chaudières principales ainsi que la surface totale de grille de ces foyers et la surface de grille de chacun d'eux; enfin, la répartition des foyers dans les diverses chaufferies. La surface de grille ci-dessus envisagée se mesure, pour les chaudières à tubes de flamme, depuis l'origine du *barreau le plus voisin du foyer ou, si la sole n'est pas pleine, depuis la limite de la partie perforée* jusqu'au plan de la plaque à tubes arrière. Pour les chaudières à tubes d'eau, cette surface se mesure jusqu'à l'autel;

6° La surface de chauffe et la capacité intérieure de chacune des chaudières;

7° Le numéro du timbre exprimant en kilogrammes, par centimètre carré, la pression effective maximum sous laquelle ces appareils doivent fonctionner;

8° Le nombre et la description des soupapes de sûreté;

9° S'il y a lieu, le nombre, la capacité et le timbre des récipients de vapeur placés à bord;

10° Le nom des constructeurs de ces divers appareils, le lieu de la construction et la date de mise en service, comptée à dater du lancement, ou, si ces appareils avaient déjà servi avant leur embarquement, soit sur un autre navire, soit à terre, la date à laquelle remonte leur première mise en fonctionnement.

S'il s'agit d'un navire nouvellement acquis à l'étranger, mais de construction ancienne, ayant reçu, postérieurement à son lancement, des appareils à vapeur neufs ou usagés, la demande doit faire connaître la date de la mise en service, telle qu'elle ressort des pièces officielles ou authentiquées par l'autorité consulaire.

Art. 2. — A la demande sont jointes les pieces suivantes :

1° Un plan d'ensemble du navire, figurant les cales, les soutes, les aménagements affectés à l'équipage et aux passagers, un plan ou croquis donnant l'emplacement et la disposition des cloisons étanches et indiquant, en particulier, le système d'épuisement des divers compartiments et les portes étanches. Pour les navires construits à l'étranger, il peut être suppléé à l'absence de plan par une description détaillée des aménagements du navire;

« Pour les bateaux de pêche au-dessous de 100 tonneaux de jauge brute, ce plan peut être remplacé par une description détaillée du navire et de ses aménagements ; »

2° Des documents établissant que le tirant d'eau maximum a été déterminé conformément aux indications de l'article 113 du présent décret.

Lorsque le propriétaire désire bénéficier des dispositions prévues par la loi en faveur des navires cotés au registre d'une société de classification reconnue par le ministre de la Marine conformément à l'article 1er de la loi du 17 avril 1907, il produit un certificat de classification délivré par ladite société et constatant :

a) Que le navire possède la première cote définie dans l'arrêté ministériel admettant la société au bénéfice des dispositions de la loi du 17 avril 1907 ;

b) S'il y a lieu, que le registre de ladite société mentionne que le navire possède la marque spéciale de cloisonnement, indiquant qu'il est subdivisé en un nombre de compartiments lui permettant de flotter avec l'un quelconque de ces compartiments envahi par l'eau ;

c) S'il s'agit d'un navire acquis à l'étranger, qu'il satisfait aux conditions exigées pour l'attribution de la première cote.

Pour les navires munis d'appareils à propulsion mécanique, à vapeur ou autres, il est fourni en outre :

1° Un plan détaillé et coté des machines et des chaudières et un dessin détaillé et coté des soupapes de sûreté ;

Pour les navires acquis à l'étranger, il peut être suppléé à l'absence de plan par une description détaillée des aménagements du navire ;

2° Des documents officiels, ou authentiqués par l'autorité consulaire, s'ils proviennent de l'étranger, établissant la date de la mise en service des appareils moteurs existant à bord.

Pour les navires cotés au registre d'une société de classification reconnue, il est produit un certificat de classification des machines et chaudières délivré par ladite société, et constatant que ces appareils ont satisfait aux conditions exigées pour l'attribution de la première cote.

Art. 3. — A l'appui des demandes de permis de navigation formulées dans les cas prévus à l'article 5 de la loi du 17 avril 1907, le propriétaire du navire fait connaître :

1° Les points sur lesquels se trouvent modifiées les indications qu'il a fournies à l'appui des demandes précédentes de permis de navigation ;

2° La date à laquelle il désire soumettre son navire à la visite ;

3° La date de la dernière visite annuelle ;

4° La date de la dernière visite en cale sèche ;

5° La date de la mise en service des chaudières principales et auxiliaires, ainsi que celle de la dernière épreuve hydraulique.

Si le délai réglementaire pour la visite en cale sèche n'expire pas en même temps que le délai réglementaire pour la visite annuelle, le propriétaire fait connaître, en outre, s'il désire soumettre la carène à l'examen de la commission de visite instituée par l'article 6 de la loi.

Lorsque le navire est coté au registre d'une société de classification reconnue, le propriétaire joint à la demande un document extrait dudit registre et établissant que le navire possède toujours la première cote.

Le propriétaire qui réclame une visite extraordinaire à la suite d'avaries graves ou de notables changements dans la construction ou les aménagements du navire précise, dans sa demande, les circonstances de l'accident, et donne le détail des réparations ou transformations exécutées.

Il indique la date à laquelle il désire soumettre son navire à la commission pour constatation de la bonne exécution des travaux de réparations ou de transformation.

Si le navire est coté au registre d'une société de classification reconnue, le propriétaire produit un certificat émanant de ladite société, et constatant que les travaux ont été exécutés sous le contrôle de la société, de façon à justifier le maintien de la première cote.

Art. 4. — La demande de permis de navigation formée par le propriétaire d'un navire étranger embarquant des passagers dans un port français doit, lorsque le navire ne bénéficie pas de la dispense prévue aux articles 3 et 5 de la loi du 17 avril 1907, contenir les renseignements et documents énumérés aux articles 1 à 3 ci-dessus.

CHAPITRE II

Prescriptions relatives à l'hygiène et à la salubrité.

SECTION Ire

Locaux affectés au personnel du bord et aux passagers.

ART. 5. — Les locaux affectés au personnel doivent représenter au minimum, en dehors des bouteilles et poulaines, un cube d'air de $3^{mc},500$ et une surface horizontale de $1^{mq},50$ par personne. Pour le calcul du volume d'air, ne sont pas déduits les lits, les objets de couchage, les tables et les sièges.

Les locaux affectés spécialement au couchage doivent représenter au minimum, un volume de $2^{mc},150$ et une surface horizontale de $1^{mq},15$ par personne.

L'indication du nombre maximum d'hommes qui peuvent être logés dans chaque compartiment réservé au couchage, est marquée en creux sur la porte ou sur l'écoutille dudit compartiment.

ART. 6. — La hauteur des locaux affectés à l'équipage, mesurée de la face supérieure des barrots du pont formant plancher à la face supérieure des barrots du pont formant plafond, ne peut pas être inférieure à $1^{m},83$.

ART. 7. — Dans les locaux affectés au personnel, les ponts formant plancher et plafond, ainsi que les parois, doivent être étanches.

Si le pont formant plancher des locaux réservés au couchage est en bois ou recouvert de bois, ses coutures doivent être calfatées; s'il est en tôle, il doit être recouvert d'un enduit ou d'une substance mauvaise conductrice de la chaleur et d'un entretien facile.

Lorsque le plafond des locaux réservés au couchage est formé par un pont découvert en tôle, la surface extérieure ou intérieure de ce pont doit être recouverte d'un bordé en bois ou de toute autre substance mauvaise conductrice de la chaleur; la face inférieure des ponts en tôle, découverts ou non, ne doit être recouverte d'aucun soufflage, à moins qu'il ne soit appliqué directement sur la tôle ou complètement fermé et, par suite, inaccessible aux occupants des locaux; si le soufflage constitue un revêtement calorifuge suffisant, le revêtement de la face supérieure n'est pas exigé.

Les parois de tous les locaux affectés au personnel du bord sont recouvertes d'une peinture de couleur claire ou d'un enduit lavable.

Sur les navires à coque métallique, les parois latérales des locaux réservés au couchage ne doivent pas être vaigrées; mais un garnissage en bois de 40 centimètres de hauteur doit être placé, par le travers de chaque couchette, contre le bordé extérieur et contre toute cloison métallique.

Les écubiers des chaînes d'ancre ne peuvent déboucher dans les compartiments réservés au couchage du personnel qui ne doivent contenir ni guindeau, ni cabestan, ni aucun appareil analogue.

Art. 8. — Les écoutilles des compartiments situés au-dessous des locaux affectés au personnel du bord sont munies de fermetures hermétiques.

Les locaux affectés au logement de l'équipage sont séparés par des cloisons ou par des ponts étanches ou dûment calfatés, des locaux destinés à recevoir les marchandises, les approvisionnements et le matériel du bord, ainsi que des cuisines, lampisteries, magasins à peinture, water-closets et parcs à bestiaux.

Aucun tuyautage de vapeur, à l'exception de celui des appareils de chauffage et de celui du guindeau, ne peut passer dans les locaux affectés à l'équipage. Lorsque le tuyautage du guindeau passe dans ces locaux, il doit être spécialement protégé.

Art. 9. — Des penderies spéciales, situées en dehors du poste de couchage, sont destinées à recevoir séparément les vêtements de travail des hommes de pont et ceux du personnel des machines.

Art. 10. — Les postes d'équipages sont garnis d'armoires ou de caissons en nombre égal au nombre maximum d'hommes d'équipage pouvant être logés dans le poste.

Ils sont munis de sièges et de tables pouvant donner place aux deux tiers de l'effectif, pour lequel il a été prévu des postes de couchage.

Chaque homme d'équipage doit avoir à son usage exclusif, soit un hamac, soit une couchette.

Des locaux séparés, ayant leurs accès distincts, sont réservés au groupe d'hommes de l'équipage d'origine africaine ou asiatique. Ils contiennent les moyens de couchage en usage dans les pays d'origine de cette partie de l'équipage, et représentent un volume d'air minimum de 2^{mc},150 par homme.

Les hamacs, lorsque ce mode de couchage est employé, doivent être accrochés à une distance de 1 mètre au moins, soit des cloisons, soit les uns des autres.

Les couchettes ont au minimum 1^{m},83 de longueur sur 60 centimètres de largeur.

Il ne peut y avoir, en aucun cas, plus de deux couchettes superposées. Les couchettes sans accès indépendant sont interdites.

Lorsqu'il est fait usage de couchettes superposées, le fond de la couchette inférieure doit être au moins à 30 centimètres au-dessus du sol, et le fond de la couchette supérieure à mi-distance entre le fond de la couchette inférieure et le pont.

Aucune couchette ne peut être placée au-dessous des manches à air, ni au-dessous des bittes, lorsque celles-ci sont fixées directement sur un pont en tôle.

Art. 11. — Les locaux réservés à l'équipage sont pourvus, si l'époque de l'année ou les zones maritimes traversées le comportent, d'appareils de chauffage, qui ne peuvent, en aucun cas, être à combustion lente.

Lorsque les poêles sont placés sur un pont en bois, celui-ci doit être protégé par une plaque métallique.

Les poêles et cheminées sont entourés d'un grillage métallique démontable.

S'ils ont une clef d'obturation, celle-ci est pourvue d'un cran d'arrêt empêchant la fermeture complète.

Art. 12. — Les différents locaux sont éclairés de jour par des hublots latéraux ou des verres prismatiques de pont, par des sabords ou des claires-voies, ou par tout autre moyen permettant à tout moment de vérifier et d'assurer la propreté des postes. L'éclairage de nuit est assuré au moyen d'un nombre suffisant d'appareils d'éclairage fixes.

Lorsqu'il est possible de le faire sans danger, il est établi sur chaque bord un nombre de hublots en rapport avec les dimensions des compartiments qu'ils éclairent.

Art. 13. — Tous les locaux distincts affectés à l'habitation de l'équipage sont pourvus de deux manches à air au moins, placées aux deux extrémités du compartiment et destinées, l'une à aspirer l'air frais, l'autre à évacuer l'air vicié.

Les manches à air comportent une partie fixe et une partie mobile et amovible terminée par un pavillon.

La partie fixe des manches à air doit s'élever au-dessus du pont supérieur à une hauteur minimum de 60 centimètres; le pavillon doit s'élever au-dessus des pavois et au-dessus des superstructures placées dans le voisinage et susceptibles de gêner le fonctionnement des manches.

Les claires-voies des locaux affectés à l'équipage sont, à moins d'impossibilité, disposées de manière à s'ouvrir.

Dans ce cas, et à condition que la hauteur de leur hiloire au-dessus du pont soit au moins égale à 60 centimètres, elles peuvent remplacer la manche à air d'évacuation ci-dessus prévue.

La manche à air d'évacuation peut également être remplacée par un ou plusieurs champignons; mais en cas d'adoption de ce dispositif pour les postes situés sous le pont supérieur, la hauteur de l'orifice des champignons doit être au moins égale à celle des pavois; elle doit être de 60 centimètres, s'il n'existe pas de pavois. Sur les dunettes, gaillards et roufs, cette hauteur et celle des entourages des claires-voies peuvent être réduites à 30 centimètres.

Les cabines et locaux divers affectés aux officiers ou au personnel du bord sont munis, toutes les fois que la chose est possible, d'un dispositif d'évacuation de l'air vicié.

Il en est de même des bouteilles, poulaines et lavabos.

Art. 14. — Il est disposé, dans deux des angles du poste d'équipage, deux dalots ou conduits servant à l'écoulement des eaux sur le pont ou dans la cale.

Ces ouvertures doivent être munies d'un système de fermeture hermétique.

Art. 15. — Les cuisines et le four de la boulangerie sont placés sur le pont supérieur, dans les superstructures ou, en cas d'impossibilité, dans un entrepont supérieur.

La ventilation des cuisines est assurée par des manches à air ou par tout autre dispositif convenable.

Lorsque le plancher des cuisines est en bois, il doit être protégé par une plaque métallique. Les cloisons en bois dans le voisinage des fourneaux sont protégées de la même façon.

Art. 16. — Les bouteilles et poulaines sont placées dans les parties supérieures du navire; elles sont construites et disposées de façon à éviter les mauvaises odeurs.

Sur les navires à coque métallique, le sol des poulaines est formé d'un revêtement imperméable ou d'un revêtement jointif se prêtant facilement au lavage; des dispositions sont prises pour que les poulaines puissent être nettoyées à grande eau; leurs cloisons en tôle ne peuvent pas être recouvertes de bois; elle sont munies d'appuis convenablement disposés.

Les bouteilles sont pourvues de chasses d'eau abondantes.

Sur tout navire, il est exigé au moins une bouteille ou une poulaine.

Lorsque le personnel du bord comprend 10 personnes ou davantage, mais est inférieur à 25 personnes, il doit y avoir au moins une bouteille et une poulaine.

Lorsque le personnel du bord comprend de 25 à 40 personnes, il doit y avoir 3 places dans la poulaine. Au-dessus de ce chiffre, il est prévu une place en plus par 40 ou fraction de 40 personnes.

Art. 17. — Lorsque le personnel de la machine comprend plus de 10 hommes, indépendamment des officiers, un local spécial, pourvu d'un robinet distributeur d'eau douce, est affecté aux soins de propreté de ce personnel.

Ce local, qui est placé autant que possible au-dessus de la ligne de flottaison et au voisinage des chaufferies, doit être de dimensions telles que toute une bordée de quart puisse en faire usage simultanément.

Des locaux analogues sont affectés sur les navires à vapeur aux soins de propreté du personnel du pont et des agents de service, lorsque l'effectif de chacune de ces deux catégories dépasse 15.

Lorsqu'il existe des robinets d'eau chaude à l'usage de tous les passagers, il en est également installé dans les locaux prévus aux précédents paragraphes.

Des dispositions sont prises pour qu'il puisse être distribué une fois par semaine, pour le lavage du linge, 10 litres d'eau douce par homme.

Il est délivré à chaque homme du personnel des machines, après les changements de quart, 10 litres d'eau douce.

Art. 18. — Les couchettes et hamacs sont garnis par l'armement ou le personnel, suivant les usages et les contrats d'engagement, d'objets de couchage qui comportent, dans tous les cas, un matelas, deux couvertures et un jeu de deux étuis, pour permettre le renouvellement au moins une fois par mois ou à l'arrivée de chaque occupant.

« Les objets de couchage individuel apportés par le personnel ne sont introduits à bord qu'après avoir été passés à l'étuve.

« Les objets de couchage sont désinfectés une fois par an au moins. Le varech des matelas est renouvelé chaque année ou lorsqu'une maladie transmissible a été constatée à bord. »

Art. 19. — Les locaux affectés au logement de l'équipage sont nettoyés à fond après chaque voyage au long cours ou tous les mois pour les autres navigations. Ils sont désinfectés ou repeints lorsqu'il s'est produit à bord une maladie suspecte ou une affection contagieuse.

Art. 20 *nouveau*. (Décret du 11 octobre 1910.) — Les prescriptions contenues dans les articles 5 à 17 inclus ne sont pas applicables aux bateaux de pêche.

« Ceux-ci devront satisfaire aux dispositions ci-dessous.

« Les locaux affectés au couchage doivent représenter un volume d'air d'au moins 2$^{m^3}$,150 par homme.

« La hauteur des locaux affectés à l'équipage, mesurée de la face supérieure des barrots du pont formant plancher à la face supérieure des barrots du pont formant plafond, ne peut pas être inférieure à 1^{m},83.

« Si le pont formant plafond est en tôle, la surface extérieure ou intérieure doit être recouverte d'un bordé en bois ou de toute autre substance mauvaise conductrice de la chaleur.

« Aucun tuyautage de vapeur, à l'exception de celui des appareils de chauffage et de celui du guindeau, ne peut passer dans les locaux affectés à l'équipage.

« Lorsque le tuyautage du guindeau passe dans ces locaux, il doit être spécialement protégé.

« Les postes d'équipage sont garnis d'armoires et de caissons en nombre égal au nombre maximum d'hommes d'équipage pouvant être logés dans le poste. Ils sont munis de sièges et de tables pouvant donner place à la moitié au moins de l'effectif pour lequel ont été prévus ces postes de couchage.

« Chaque homme d'équipage doit avoir à son usage exclusif soit un hamac, soit une couchette.

« Les hamacs, lorsque ce mode de couchage est employé, doivent être accrochés à une distance de 1 mètre au moins, soit des cloisons, soit les uns des autres.

« Les couchettes ont au minimum 1^{m},83 de longueur sur 60 centimètres de largeur.

« Il ne pourra jamais y avoir plus de deux rangs de couchettes superposées sur les navires armés à la grande pêche de Terre-Neuve ou d'Islande. Il pourra y avoir trois couchettes superposées sur les autres navires de pêche.

« Lorsqu'il est fait usage de couchettes superposées, le fond de la couchette inférieure doit être au moins à 30 centimètres au-dessus du sol. Entre chacune des couchettes, il devra être ménagé un intervalle de 65 centimètres compté de planche en planche. Entre le dessus du fond de la couchette supérieure et la face inférieure des barrots du pont, il devra être aménagé un espace d'au moins 65 centimètres. Lorsqu'il y aura trois couchettes, l'intervalle sera augmenté de 10 centimètres.

« L'éclairage de jour est assuré par des hublots de côté ou des verres prismatiques dans le pont ou par des claires-voies.

« Lorsqu'il est possible de le faire sans danger, il est établi, sur chaque bord, un nombre de hublots en rapport avec les dimensions des compartiments qu'ils éclairent.

« L'éclairage de nuit est assuré au moyen d'appareils fixes.

« L'échelle de descente et les capots doivent être d'un accès facile; le capot doit pouvoir être fermé hermétiquement pour empêcher l'eau de tomber dans le poste.

« Un espace est réservé en dehors du poste pour recevoir les effets cirés. Il est choisi de telle façon qu'on puisse y déposer ces effets avant de pénétrer dans le poste et gagner ensuite ce dernier sans cesser d'être à l'abri.

« Un moyen de chauffage est fourni pour chaque logement; il ne peut, en aucun cas, être fait usage d'appareils à combustion lente.

« Quand il est installé un fourneau de cuisine dans le poste, une ouverture spéciale est pratiquée pour dégager le produit de la combustion. Le cube d'air doit, dans ce cas, être augmenté de 100 centimètres par chaque homme.

« Lorsque les poêles sont placés sur un pont en bois, celui-ci doit être protégé par une plaque métallique.

« Les poêles et cheminées sont entourés d'un grillage métallique démontable.

« S'ils ont une clef d'obturation, celle-ci est pourvue d'un cran d'arrêt empêchant la fermeture complète.

« Une manche à air avec pavillon est placée en un endroit convenable pour introduire l'air frais. L'évacuation de l'air vicié est assurée par une autre manche, des champignons, cols de cygne ou tout autre moyen efficace.

« Il est disposé, dans deux angles des postes d'équipage, deux conduits ou dalots servant à l'écoulement des eaux sur le pont ou dans la cale. Ces ouvertures doivent être munies d'un système de fermeture hermétique.

« Les dispositions des articles 18 et 19 sont applicables aux bateaux de pêche. »

Art. 21. — Sur tous les navires de pêche il est exigé au moins une poulaine qui doit être installée de telle façon qu'elle puisse être boulonnée tantôt à l'avant, tantôt à l'arrière, selon les nécessités de la pêche. Elle doit contenir deux places, lorsque le personnel comprend de 30 à 40 hommes, et trois places, lorsqu'il comprend plus de 40 hommes. Les poulaines sont couvertes et munies d'appuis solides.

Il n'est jamais exigé de bouteille.

Art. 22. — Les prescriptions des articles 5 à 15 s'appliquent aux navires de plaisance ayant plus de 350 tonneaux; elles sont remplacées, pour les navires qui ont moins de 350 tonneaux, par les dispositions suivantes :

Les locaux affectés au couchage de l'équipage doivent avoir un volume d'air d'au moins 2^{mc},150 par homme.

Si le pont formant plafond est en tôle, il doit être recouvert d'un bordé en bois. Le pont formant plancher doit être en bois ou recouvert d'une substance isolante. Les parois ou meubles sont recouverts d'une peinture ou enduit lavable.

L'éclairage est assuré par des hublots de côté ou des verres prismatiques dans le pont, ou par des claires-voies.

L'échelle de descente et le capot doivent être d'un accès facile; le capot doit pouvoir être fermé hermétiquement pour empêcher l'eau de tomber dans le poste.

Une manche à air avec pavillon est placée en un endroit convenable pour introduire l'air frais. L'évacuation de l'air vicié est assurée par une autre manche, ou par des champignons, cols de cygne ou tout autre moyen efficace.

Art. 23. — Sur tous les navires, de quelque nature qu'ils soient, les cabines doivent représenter un volume d'air au moins égal à 3^{mc},500 par personne. Pour le calcul de ce volume d'air, les lits, les objets de literie, les tables et les sièges ne sont pas déduits.

Art. 24. — Sur aucun navire, les passagers d'entrepont ne doivent être logés dans un entrepont inférieur à celui qui est situé immédiatement au-dessous de la ligne de flottaison en charge.

Les locaux affectés habituellement ou temporairement au couchage des passagers d'entrepont sont séparés des compartiments voisins par des cloisons.

Dans tout local destiné au couchage des passagers d'entrepont, le nombre maximum de personnes pouvant y être admises est affiché d'une façon apparente.

Art. 25. — Les couchettes ont au minimum 1^{m},83 de longueur sur 56 centimètres de largeur.

Le fond des couchettes inférieures doit être au moins à 15 centimètres au-dessus du sol, et le fond des couchettes supérieures à 70 centimètres au moins du fond des couchettes de la rangée inférieure.

Sur les navires de pêche transportant des passagers, les couchettes peuvent être remplacées par des hamacs.

Les entreponts affectés au logement des passagers sont pourvus d'échelles ayant une largeur minimum de 80 centimètres.

Le nombre des panneaux et celui des échelles sont déterminés comme suit, en raison du nombre de passagers auquel est affecté l'entrepont :

Au-dessous de 50 passagers : Un panneau. — Une échelle.

De 50 à 149 passagers : Un panneau. — Deux échelles.

De 150 à 199 passagers : Un panneau. — Trois échelles.

A partir de 200 passagers : Deux panneaux. — Quatre échelles.

Ou un grand panneau muni de quatre échelles.

Les compartiments affectés aux passagers d'entrepont ainsi que leurs accès et dépendances doivent être convenablement éclairés pendant le jour. L'éclairage de nuit doit être assuré par des appareils fixes.

Les dispositions prévues pour l'aération doivent être telles que celle-ci soit assurée dans toutes les circonstances.

Art. 26. — Les lieux d'aisances destinés aux passagers sont placés dans les parties supérieures du navire; ils sont abrités contre les intempéries et contre la mer, et munis d'appuis convenablement disposés.

Des cabinets distincts sont réservés aux femmes. Ceux qui sont affectés aux hommes sont pourvus d'urinoirs.

Les cabinets des hommes comme ceux des femmes peuvent comporter un collecteur commun et plusieurs places. Dans ce dernier cas, les places sont séparées les unes des autres par des cloisons en tôle ayant une hauteur au moins égale à un mètre.

Un écran, autant que possible en tôle, est placé devant chaque compartiment.

Le nombre minimum de places est de deux, si le navire ne transporte pas plus de 100 passagers. Au-dessus de 100 passagers, il est exigé une place supplémentaire par 75 passagers en plus.

Une chasse d'eau en état continu de fonctionnement est établie dans tous les lieux d'aisances.

Art. 27. — Sur tout navire destiné à transporter des passagers de pont pour des voyages comportant des traversées dont la durée normale de port à port dépasse quarante-huit heures, un local spécial est affecté aux soins de propreté de ces passagers.

Art. 28. — Il est tenu sur chaque navire un registre destiné à recevoir les réclamations des passagers qui auraient des plaintes et observations à formuler. Le capitaine peut également y consigner les observations qu'il jugerait utile, ainsi que les faits qu'il lui paraîtrait important de faire attester par les passagers.

Ce registre, coté et paraphé par l'administrateur de l'inscription maritime, doit être communiqué à toute réquisition aux autorités et commissions chargées de la surveillance du navire.

Art. 29. — Sur tout navire destiné à effectuer des traversées de plus de quarante-huit heures et devant embarquer plus de 100 personnes, y compris le personnel du bord, il doit être installé un hôpital.

Cet hôpital est placé dans un endroit convenablement éclairé et aéré, soit sur le pont, soit dans le premier entrepont; il est isolé le plus complètement possible des locaux occupés par l'équipage et par les passagers.

L'hôpital est divisé en deux compartiments affectés, l'un aux hommes, l'autre aux femmes. Il est exigé un lit par 40 personnes embarquées, jusqu'à concurrence de 200 personnes. A partir de ce chiffre, il est prévu un lit par 60 personnes en plus.

A l'hôpital sont annexés : 1° une pharmacie, pouvant servir de salle d'opérations et ayant des dimensions suffisantes pour recevoir un lit articulé du modèle ordinaire, et pour permettre la circulation autour de ce lit; 2° une salle de bains; 3° des lieux d'aisances; 4° des chambres d'isolement au nombre de deux au moins et quatre au plus comprenant le quart des lits d'hôpital imposés par le paragraphe 3 du présent article.

Le cube d'air des hôpitaux doit représenter au minimum 4 mètres cubes pour chaque personne pouvant y prendre place. La hauteur sous plafond ne peut être inférieure à 1m,83.

Les couchettes doivent être en métal peint, verni ou galvanisé; elles doivent avoir, au minimum, 1m,83 de longueur et 60 centimètres de largeur intérieure et être disposées de telle sorte que leur plus grande dimension soit placée en bordure d'un passage ayant une largeur au moins égale à 1 mètre.

Tant dans l'hôpital que dans les entreponts, quelques lits ayant une largeur de 80 centimètres sont réservés aux femmes enceintes ou en couches.

Il peut n'être dressé que la moitié des couchettes de l'hôpital. En aucun cas, elles ne peuvent être superposées.

SECTION II

Aménagements nécessaires à la conservation des vivres et des boissons.

ART. 30. — Les cambuses affectées à la garde et à la conservation des approvisionnements sont exclusivement réservées à cet usage. Elles sont isolées des locaux habités et fermées à clef. Toutefois, sur les navires de pêche, les armoires servant de cambuses peuvent ouvrir sur les locaux habités par le capitaine. Aucun tuyau de vapeur ne doit passer par les cambuses.

Lorsqu'il est percé des ouvertures dans les parois verticales de ces compartiments, elles sont garnies de châssis en toile métallique.

Les cambuses sont pourvues d'armoires et d'étagères en quantité suffisante, surélevées au-dessus du parquet, de façon à permettre le nettoyage de celui-ci.

Les soutes où le vin est conservé sont aérées et d'une température aussi peu élevée que possible.

Art. 31. — Les navires doivent être approvisionnés d'eau potable.

« Les récipients à eau douce, généralement connus sous le nom de « caisses à eau » et de « charniers », ne peuvent être en bois. Cette disposition, toutefois, ne s'applique pas aux barils de galère des embarcations. Elle ne s'applique pas non plus aux navires de pêche opérant avec salaison à bord, qui sont autorisés à embarquer l'eau potable dans des barriques saines et propres, neuves ou n'ayant contenu que de l'eau, du vin ou de l'eau-de-vie et ayant subi le traitement nécessaire pour assurer une bonne conservation de l'eau. »

Les récipients à eau douce sont revêtus à l'intérieur d'un enduit, ciment ou autre, d'épaisseur convenable.

Ils sont munis d'un tuyau d'air, disposé de façon à ne pas permettre l'introduction de corps étrangers, d'un bouchon de vidange et d'une ouverture assez large pour qu'un homme puisse s'y introduire en vue de leur nettoyage et de leur visite. Cette ouverture est disposée de façon à pouvoir être hermétiquement fermée dans l'intervalle des visites.

Les caisses à eau douce sont placées, autant que possible, dans la cale, et surélevées au-dessus du vaigrage.

Elles sont munies d'un tuyau de sonde. Une sonde spéciale est placée au voisinage dudit tuyau.

Une pompe reliée à un tuyautage spécial est exclusivement affectée à la manutention de l'eau des caisses à eau d'alimentation.

Les joints des tuyaux et des caisses ne sont jamais faits avec des composés du plomb.

L'équipage doit disposer, pour son usage exclusif, de récipients de dimensions convenables. Sur les navires à vapeur, un charnier est réservé au personnel du pont et un autre au personnel de la machine; ils sont placés au voisinage des postes.

Les récipients sont nettoyés à fond au moins tous les trois mois, ou à la suite de l'apparition d'une épidémie attribuable à l'eau du bord.

Art. 32. — Les navires à vapeur et les navires à voiles pourvus d'une chaudière, qui sont armés au long cours, et dont l'effectif, équipage et passagers, dépasse 30 personnes, doivent être munis d'un appareil à distiller l'eau de mer.

CHAPITRE III

Appareils moteurs.

SECTION Ire

Appareils à vapeur.

Art. 33. — La chambre des machines motrices et la chambre de chauffe doivent être de dimensions suffisantes pour que toutes les opérations, tant de la conduite et de l'entretien courant des machines que de la chauffe et de l'entretien courant des chaudières, puissent s'effectuer sans danger.

Des dispositions sont prises pour que le charbon et les escarbilles ne puissent pénétrer sous le parquet des chaufferies. A cet effet, des gardes et des écrans en tôle sont adaptés sur les chaudières et partout où il est besoin. Des précautions sont prises également pour éviter l'engagement des pompes de cales des chaufferies.

La chambre de chauffe doit offrir aux chauffeurs des moyens de retraite facile dans deux directions au moins.

Une bonne ventilation de la chambre des machines et de la chambre de chauffe doit être assurée au moyen de manches à air ou de tout autre système de ventilation artificielle.

Toutes les ouvertures pratiquées au-dessus du local des chaudières sont munies d'un grillage métallique pourvu de volets, permettant de les recouvrir par mauvais temps, à moins qu'elles ne soient surmontées par des claires-voies.

Aucune forge à feu ouvert ne doit être installée dans les chambres des machines et chaudières, à moins que ces compartiments ne soient aérés d'une façon spéciale ou qu'il n'existe un tuyau d'évacuation des produits de la combustion. Lorsque cette installation a lieu, le plancher et les parois de la forge sont en tôle ou recouverts de feuilles de tôle de 1 millimètre au moins d'épaisseur.

Sur les navires de plus de 200 tonneaux, lorsque le compartiment des machines n'est pas placé à l'arrière, un tunnel ou galerie de visite étanche s'étend de la cloison du presse-étoupes à la cloison arrière du compartiment des machines. L'entrée du tunnel doit être pourvue d'une porte étanche pouvant se manœuvrer d'un pont situé au-dessus de la flottaison en charge.

La hauteur et la largeur du tunnel doivent être suffisantes pour permettre de procéder aisément aux travaux de réparation et d'entretien de la ligne d'arbres.

Autant que possible, il est prévu, au-dessus des cylindres et dans le tunnel, des dispositifs facilitant le démontage des cylindres et de la ligne d'arbres.

La chambre des machines est reliée avec le poste de commandement du navire au moyen d'un télégraphe transmetteur d'ordres à répétition et d'un téléphone ou d'un porte-voix.

Sur les navires de moins de 200 tonneaux, le télégraphe n'est pas exigé; mais il doit exister un timbre d'appel en même temps qu'un porte-voix.

Lorsque les appareils auxiliaires ne sont pas placés dans le compartiment des machines et chaudières principales, les locaux qui leur sont affectés sont isolés des compartiments voisins par des cloisons métalliques auxquelles, sur les navires en bois, peuvent être substituées des cloisons en bois recouvertes de feuilles de tôle d'un millimètre au moins d'épaisseur. — Ces locaux sont largement éclairés et aérés.

Les ponts au-dessous des chaudières auxiliaires sont en tôle ou recouverts, soit d'une couche de ciment, soit d'un enduit approprié.

Art. 34. — Les machines et les chaudières principales ou auxiliaires sont solidement construites et soigneusement assujetties en place, de façon qu'aucun déplacement ne puisse se produire par suite des mouvements du navire.

Des appareils de préservation, tringles, masques ou manchons, sont établis de manière à mettre les personnes à l'abri des accidents auxquels pourraient les exposer l'approche des parties mobiles.

Des mains courantes sont placées le long des parois du tunnel et de la chambre des machines.

Art. 35. — Au-dessus de 500 chevaux indiqués, les machines à mouvement alternatif sont munies d'un appareil à vapeur de mise en train et de renversement de marche.

Pour les machines d'une puissance moindre, le dispositif de mise en train et de renversement de marche doit, s'il est à bras, être construit de telle sorte que le personnel de quart puisse le manœuvrer aisément et rapidement.

Toutes les machines motrices alternatives développant une puissance indiquée supérieure à 800 chevaux, sont pourvues d'un vireur à vapeur. Un vireur à bras est exigé au-dessus de 300 chevaux.

Lorsque le nombre de tours est de plus de soixante-quinze par minute, les puissances énoncées ci-dessus sont augmentées dans le rapport entre le nombre réel de tours et soixante-quinze.

ART. 36. — Les tuyaux de vapeur sont disposés de façon à pouvoir se dilater et se contracter sans fatigue anormale et être facilement purgés. — Les robinets de purge sont munis de tuyaux de décharge de manière à éviter tout accident au personnel.

Les tuyaux placés sous le pont sont recouverts d'un encaissement et pourvus d'un garnissage convenable : ils doivent être munis de purges.

Les tuyaux de vapeur, ainsi que le tuyautage général du navire, sont peints avec les couleurs et selon les dispositions conventionnelles adoptées pour les bâtiments de la flotte de guerre.

ART. 37. — Le condenseur est muni de portes et de regards permettant de le visiter et de le nettoyer aisément.

ART. 38. — Toutes les machines à mouvement alternatif développant une puissance indiquée supérieure à 500 chevaux, sont pourvues des dispositifs nécessaires pour le relevé des diagrammes de pression.

ART. 39. — Les navires à vapeur de plus de 600 tonneaux sont pourvus d'un guindeau à vapeur ou à moteur mécanique à commande directe, d'une puissance proportionnée au poids des ancres et des chaînes.

Le tuyautage de vapeur du guindeau et les tuyaux de vapeur des treuils sont, autant que possible, placés sur le pont. Toutes les parties en mouvement sont munies de masques mettant les personnes à l'abri des accidents.

ART. 40. — Les chaudières sont construites et disposées de façon que toute paroi, en contact, par une de ses faces, avec la flamme ou les gaz, soit baignée par l'eau sur sa face opposée.

Le niveau de l'eau est maintenu, dans chaque chaudière, à une hauteur de marche telle qu'il soit en moyenne à 15 centimètres au moins au-dessus du plan pour lequel la condition précédente cesserait d'être remplie, dans la position normale du navire. Cette hauteur peut, toutefois, être réduite jusqu'à 10 centimètres pour les chaudières de petites dimensions.

La position limite est indiquée d'une manière très apparente au voisinage du tube de niveau mentionné ci-après.

Les prescriptions énoncées au présent article ne s'appliquent point :

1° Aux sécheurs et surchauffeurs de vapeur à petits éléments distincts de la chaudière;

2° A des surfaces relativement peu étendues et placées de manière à ne jamais rougir, même lorsque le feu est poussé à son maximum d'activité, telles que les tubes ou les parties de cheminées qui traversent le réservoir de vapeur en envoyant directement à la cheminée principale les produits de la combustion, ou telles que les faisceaux de tubes isolés de façon à former surchauffeur;

3° Aux générateurs dits « à petits éléments » et aux générateurs dits « à production de vapeur instantanée », lorsque la circulation y est assez intense pour que les parties de la surface de chauffe voisine de la surface libre ne soient pas susceptibles d'être portées au rouge, quelle que soit l'activité de la chauffe.

Art. 41. — Chaque chaudière est munie de deux appareils indicateurs de niveau indépendants l'un de l'autre, suffisamment espacés et placés de façon à rester constamment visibles pour l'agent chargé de l'alimentation.

L'un au moins de ces indicateurs est un tube en verre ou est muni d'une lame de verre, la lame ou le tube étant disposé de manière à pouvoir être facilement nettoyé et remplacé au besoin.

Des précautions sont prises contre le danger provenant des éclats de verre en cas de bris des tubes, au moyen de dispositions qui ne fassent pas obstacle à la visibilité du niveau.

L'indicateur est convenablement éclairé en tout temps.

L'autre appareil indicateur de niveau peut être un système de trois robinets étagés, ou de deux seulement pour les petites chaudières. Sur les chaudières fonctionnant sous une pression supérieure à 8 kilog., les robinets de jauge sont munis d'un dispositif permettant de les fermer à distance.

Les chaudières qui ont des foyers sur plusieurs façades sont pourvues, sur chacune de celles-ci, des appareils indicateurs du niveau de l'eau.

Les indicateurs de niveau sont munis de robinets de fermeture permettant de remplacer le verre sans danger pour l'opérateur.

Les robinets de fermeture peuvent être manœuvrés au moyen d'un dispositif permettant de les fermer simultanément à distance; toutefois, le dispositif de manœuvre à distance des robinets de fermeture n'est pas exigé si l'appareil indicateur de niveau porte des soupapes automatiques fonctionnant en cas de rupture du verre.

Art. 42. — Chaque chaudière est munie d'au moins deux soupapes de sûreté, à ressort, convenablement installées, calculées et chargées de manière :

1° Que chacune d'elles puisse suffire pour évacuer à elle seule toute la vapeur produite, quelle que soit l'activité du feu, sans que la pression effective dépasse de plus d'un dixième la pression indiquée par le timbre;

2° Qu'elle se soulève avant que la pression excède d'un vingtième celle qui est indiquée par le timbre.

Les mesures nécessaires sont prises pour que l'échappement de la vapeur ou de l'eau chaude ne puisse pas occasionner d'accident.

Les réchauffeurs d'eau d'alimentation sont munis d'appareils de fermeture permettant d'intercepter leur communication avec les chaudières; ils portent une soupape de sûreté réglée eu égard à leur timbre et suffisante pour limiter, d'elle-même et en toute circonstance, la pression au taux fixé ci-dessus.

Il en est de même pour les surchauffeurs de vapeur, à moins que les dispositions prises n'excluent l'éventualité d'une élévation de la pression au-dessus du timbre.

Sont soumis aux mêmes dispositions les récipients de formes diverses d'une capacité de plus de 100 litres, qui reçoivent de la vapeur empruntée à un générateur distinct, en exceptant, toutefois :

1° Ceux dans lesquels des dispositions matérielles efficaces empêchent la pression effective de la vapeur de dépasser 300 grammes par centimètre carré ;

2°. Les cylindres de machines avec ou sans enveloppes, les enveloppes de turbines, les tuyauteries.

Les soupapes de sûreté de ces récipients et appareils peuvent être placées directement sur eux ou sur le tuyau de vapeur entre le robinet et le récipient ou l'appareil.

Il n'est exigé qu'une seule soupape pour les chaudières dont la surface de grille est inférieure à 45 décimètres carrés.

Art. 43. — Aucune soupape de sûreté placée sur les chaudières n'a un diamètre inférieur à 32 millimètres. La levée ne doit pas être limitée à moins du quart de leur diamètre pour les soupapes à simple siège.

Les soupapes de sûreté sont posées directement sur la chaudière, ou bien, s'il existe une tubulure de raccordement, celle-ci est aussi courte que possible.

Aucune partie de cette tubulure ou du tuyautage placé en aval des soupapes n'a une section inférieure à leur section totale.

Les soupapes sont munies de purges ou de dispositifs permettant l'écoulement de l'eau condensée. L'une des soupapes au moins est munie d'un appareil permettant de la soulever, et manœuvrable de la chambre de chauffe. Cet appareil est disposé de telle sorte qu'il n'augmente pas la charge de la soupape.

Les ressorts sont protégés et disposés de telle sorte qu'ils ne puissent subir de fatigues anormales. Des dispositions sont prises pour empêcher une projection des clapets en cas de rupture des ressorts.

Art. 44. — Toute chaudière est en communication avec deux appareils d'alimentation indépendants, convenablement installés, chacun de ces appareils devant pouvoir suffire aux besoins de la chaudière dans toutes les circonstances. L'un d'eux au moins fonctionne par des moyens indépendants de la machine motrice du navire.

Les chaudières placées à bord des navires à voiles, des pontons, dragues, porteurs, et les chaudières auxiliaires des navires à vapeur peuvent n'avoir qu'un seul appareil d'alimentation lorsque leur pression est inférieure à 7 kilogrammes et leur surface de chauffe à 30 mètres carrés.

Chaque appareil d'alimentation est muni d'un régulateur, soupape ou clapet, fonctionnant automatiquement et placé au point d'insertion du tuyau d'alimentation qui lui est propre. Ces régulateurs ont un robinet intermédiaire permettant de les visiter.

Lorsque plusieurs corps de chaudières sont en communication, le régulateur d'alimentation est obligatoire pour chacun d'eux.

Art. 45. — Chaque prise de vapeur pour machines principales ou auxiliaires est munie d'une soupape ou d'un robinet d'arrêt de vapeur placé à l'origine du tuyau de conduite de vapeur sur la chaudière même.

La prise de vapeur pour machines principales doit, autant que possible, pouvoir se commander du pont supérieur.

Les navires à vapeur chauffant au pétrole sont, autant que possible, munis d'un dispositif permettant de fermer l'arrivée du combustible depuis le pont supérieur ou depuis un compartiment autre que celui des chaufferies.

Art. 46. — Chaque corps de chaudière cylindrique est muni d'un appareil (robinet ou soupape) d'extraction de fond et d'un appareil d'extraction de surface, placés directement sur la chaudière.

Sur les chaudières à tube d'eau, un seul appareil d'extraction est exigé.

Des dispositions sont prises pour permettre le contrôle facile de l'ouverture et de la fermeture des robinets d'extraction. Les tuyaux d'extraction conduisant à l'extérieur sont munis de robinets à leurs aboutissements sur le bordé et sur la chaudière.

Lorsqu'un même tuyau d'extraction dessert plusieurs corps de chaudière, il est muni de robinets ou soupapes empêchant l'eau d'extraction de passer d'une chaudière dans l'autre.

L'appareil d'extraction de fond doit pouvoir se manœuvrer du parquet des chaufferies.

Art. 47. — Chaque chaudière est munie d'un manomètre en bon état, placé de manière à être constamment visible pour le chauffeur et gradué de manière à indiquer en kilogrammes par centimètre carré, la pression effective de la vapeur dans la chaudière. Ce manomètre est convenablement éclairé en tout temps.

Une marque très apparente indique sur l'échelle du manomètre la limite que la pression ne doit pas dépasser.

Tout manomètre est muni d'un robinet permettant de l'isoler de la chaudière.

Les chaudières qui ont des foyers sur plusieurs façades sont munies d'un manomètre sur chacune d'elles.

Des manomètres, reliés à chaque corps de chaudière, sont placés dans la chambre des machines lorsque celle-ci n'est pas contiguë à la chaufferie et en libre communication avec elle.

Tout récipient ou appareil à vapeur, pour lequel une soupape de sûreté est exigée, doit être pourvu d'un manomètre.

Art. 48. — Les chaudières sont munies d'un ajutage terminé par une bride de 4 centimètres de diamètre et de 5 millimètres d'épaisseur disposée pour recevoir un manomètre vérificateur.

Une tubulure analogue est prévue pour l'essai de pression hydraulique dans la partie haute de la chaudière, à moins que l'appareil d'obturation du trou d'homme ne puisse être utilisé pour cet essai.

Art. 49. — Chaque chaudière est pourvue de trous d'homme, trous de sel et regards nécessaires pour son inspection, son nettoyage et son entretien. Aucun trou d'homme n'est muni de portes en fonte de fer.

Les chaudières dont les dimensions sont trop faibles pour qu'on puisse y pénétrer pour les visiter, sont munies de trous de piquage en nombre suffisant pour permettre de les examiner entièrement par l'extérieur.

Art. 50. — Les monte-escarbilles sont disposés de façon à fonctionner sans danger pour le personnel.

Sur les navires à vapeur de plus de 800 chevaux indiqués, ces appareils doivent être actionnés par des moteurs mécaniques, à vapeur ou autres.

Art. 51. — Les soutes à charbon sont isolées des chaudières.

Les tuyaux traversant les soutes sont protégés contre les chocs par des encaissements solides.

Les soutes à pétrole et les compartiments du double-fond employés, sur les navires à coque métallique, à l'emmagasinage du combustible liquide, sont soigneusement isolés des chaudières.

L'échantillonnage de leurs parois est renforcé et le rivetage des joints entièrement étanche.

Si les soutes ne sont pas isolées des cales ou compartiments contigus par des cofferdams, une tôle verticale de faible hauteur est établie parallèlement à la cloison et sur toute son étendue, de façon à former, au pied de celle-ci, une cunette où se réunissent les égouts et suintements de la cloison.

Les compartiments des doubles-fonds employés à l'emmagasinage du pétrole sont isolés des compartiments voisins par des cofferdams formés par deux varangues étanches. L'épuisement de ces cunettes et cofferdams a lieu au moyen d'une pompe spéciale.

Les pompes employées à la manutention du pétrole sont exclusivement réservées à cet usage.

Des robinets, en nombre suffisant pour réduire autant que possible les fuites en cas de rupture de tuyautage, sont disposés sur le tuyautage du pétrole.

Les soutes à pétrole sont munies d'un tuyautage de vapeur ou de tout autre dispositif permettant de les débarrasser, après vidange, des gaz combustibles.

Art. 52. — Avant leur mise à bord, les chaudières neuves doivent subir chez le constructeur une première épreuve réglementaire.

La chaudière est présentée pour cette épreuve avant d'être revêtue d'aucun garnissage calorifuge.

L'épreuve consiste à soumettre la chaudière à une pression hydraulique supérieure à la pression effective qui ne doit pas être dépassée dans le service.

Le temps pendant lequel est maintenue la pression d'épreuve doit être suffisant pour permettre l'examen de toutes les parties de la chaudière.

En principe, il doit varier entre cinq et dix minutes.

La charge d'épreuve est égale au double de la pression effective qui ne doit pas être dépassée dans le service, sans que la surcharge puisse excéder 10 kilogrammes.

L'épreuve n'est pas exigée pour l'ensemble d'une chaudière dont les diverses parties, éprouvées séparément, sont réunies par des tuyaux placés sur tout leur parcours en dehors du foyer et des conduits de flamme et dont les joints peuvent être facilement démontés.

Les réchauffeurs d'eau sous pression, les sécheurs et les surchauffeurs de vapeur sont considérés comme chaudières ou parties de chaudières pour tout ce qui est dit au paragraphe précédent.

Les tuyaux de vapeur, ainsi que les collecteurs d'alimentation, sont essayés à l'atelier, au double de la pression qu'ils supportent en service.

Le chef de l'établissement où se fait l'épreuve fournit la main-d'œuvre et les appareils nécessaires à l'opération.

Toute chaudière neuve provenant de l'étranger est éprouvée, avant sa mise à bord, dans le port désigné par le propriétaire du navire, à moins que celui-ci n'ait joint à sa demande un certificat émanant d'une autorité reconnue et authentiqué par le consul de France dans le lieu où a été construite la chaudière, certificat constatant que l'épreuve réglementaire a été effectuée chez le constructeur.

Art. 53. — Toute chaudière neuve présentée après sa mise à bord, porte une plaque d'identité indiquant :

1° Le nom du constructeur;

2° Le lieu, l'année et le numéro d'ordre de la fabrication;

3° Un numéro d'ordre par corps de chaudière, si le navire en possède plusieurs.

Elle est disposée pour subir à froid l'épreuve réglementaire ci-après définie.

L'épreuve a lieu à une pression comportant une surcharge égale à la moitié de la pression effective que doit indiquer le timbre sans jamais être inférieure à un demi-kilogramme, ni supérieure à 5 kilogrammes.

Le temps pendant lequel est maintenue la pression d'épreuve doit être suffisant pour permettre l'examen de toutes les parties de la chaudière. En principe, il doit varier entre cinq et dix minutes.

Après que la chaudière ou partie de la chaudière a été éprouvée avec succès, il y est apposé un ou plusieurs timbres indiquant en kilogrammes, par centimètre carré, la pression effective que la vapeur ne doit pas dépasser. Les timbres sont poinçonnés et reçoivent trois nombres indiquant le jour, le mois et l'année de la mise en service. Un de ces timbres est placé de manière à être toujours apparent.

L'épreuve n'est pas exigée pour l'ensemble d'une chaudière dont les diverses parties, éprouvées séparément, sont réunies par des tuyaux placés sur tout leur parcours en dehors des foyers et des conduits de flamme, et dont les joints peuvent être facilement démontés.

Elle n'est pas non plus exigée pour les chaudières qui ont été mises à bord dans le port où elles ont été éprouvées conformément aux dispositions de l'article 52, sauf s'il s'agit de chaudières possédant des éléments démontables placés dans les foyers ou conduites de flamme.

Pour les chaudières qui ne doivent pas être soumises au chauffage à feu nu, les conditions des épreuves sont les mêmes que pour les récipients de vapeur.

Pour cette épreuve, le bord fournit la main-d'œuvre et les appareils nécessaires.

Ensuite, la chaudière est mise en pression pour permettre de vérifier si les soupapes de sûreté sont en bon état de fonctionnement, et si elles ont un débouché suffisant.

Art. 54. — Sont soumis aux épreuves ci-dessus, suivies du timbrage, les récipients de formes diverses d'une capacité de plus de 100 litres qui reçoivent de la vapeur empruntée à un générateur distinct, lorsque leur communication avec l'atmosphère n'est point établie par des moyens excluant toute pression effective notable. Cette disposition ne vise pas les cylindres à vapeur ni les enveloppes des turbines.

Toutefois, les récipients dont il s'agit, ne sont soumis, pour l'épreuve prévue à l'article 52, comme pour l'épreuve prévue à l'article 53, qu'à une surcharge d'épreuve égale à la moitié de la pression maximum à laquelle ils peuvent fonctionner sans que cette surcharge puisse excéder 4 kilogrammes par centimètre carré.

Sont assimilés aux récipients les chaudières dans lesquelles la vaporisation est obtenue non par le chauffage à feu nu, mais au moyen de réactions chimiques ou autres sources de chaleur ne produisant jamais que des températures modérées, ainsi que les réservoirs dans lesquels de l'eau à haute température est emmagasinée à l'effet de fournir un dégagement de vapeur ou de chaleur, quel qu'en soit l'usage.

Art. 55. — La visite annuelle des appareils à vapeur comporte un examen extérieur et intérieur des machines et des chaudières principales et auxiliaires.

Art. 56. — Les machines motrices et auxiliaires des navires sont soumises tous les quatre ans à des constatations plus complètes.

Les chaudières principales et auxiliaires de ces navires sont soumises également, au moment des visites périodiques, à des constatations plus complètes tous les quatre ans, jusqu'à leur douzième année, et tous les deux ans, à partir de leur douzième année.

Art. 57. — Pour la visite des machines principales, prévue à l'article précédent, les coussinets de palier sont démontés, les cylindres ouverts et les pistons soulevés : les tiroirs, ainsi que toutes les pompes de la machine, sont démontés. Le tuyautage, les boîtes d'aspiration, crépines et boîtes égyptiennes sont dégagés et nettoyés. Toutes les parties de la machine et de la ligne d'arbres subissent ensuite une visite complète.

Les machines auxiliaires sont soumises à une visite analogue comportant les démontages qui sont jugés utiles.

Art. 58. — Pour les chaudières principales et auxiliaires, la visite prévue à l'article 56 est précédée d'une épreuve sous pression hydraulique.

Avant cette épreuve, les foyers et boîtes à feu sont piqués et nettoyés, afin de pouvoir relever leurs dimensions dans les parties susceptibles de se déformer lorsque la chaudière est en pression.

L'épreuve a lieu à une pression comportant une surcharge égale à la moitié de la pression effective qu'indique le timbre sans être inférieure à un demi-kilogramme, ni supérieure à 5 kilogrammes.

Le temps pendant lequel est maintenue la pression d'essai doit être suffisant pour permettre l'examen de toutes les parties de la chaudière. En principe, il doit varier entre cinq et dix minutes.

Après l'épreuve hydraulique, la chaudière est ouverte et vidée, de manière qu'elle puisse être examinée dans toutes ses parties.

ART. 59. — Lorsqu'une chaudière neuve est mise à bord d'un navire dans les six mois qui suivent une visite périodique, la chaudière est, au point de vue des visites et épreuves ultérieures, considérée comme ayant été mise en service au moment de cette visite.

Si la mise à bord se fait après les six mois qui suivent la visite périodique, c'est à partir de la visite périodique suivante que se compte la durée du service de la chaudière.

ART. 60. — Lorsqu'une chaudière ayant déjà servi est placée à bord d'un navire en service, cette chaudière est, au point de vue des visites et épreuves ultérieures, considérée comme ayant au moment de la visite périodique suivante, un âge exprimé par un nombre entier d'années, qui s'obtient en augmentant ou en diminuant l'âge réel de la chaudière, suivant que la fraction d'année écoulée au moment de la visite périodique est supérieure ou inférieure à six mois.

ART. 61. — En dehors des époques indiquées à l'article 56, la visite de chaudières comportant des constatations plus complètes est exigée :

1° Lorsqu'une chaudière ayant déjà servi est placée à bord d'un navire en service ;

2° Lorsque la chaudière a subi une réparation notable ;

3° Lorsqu'elle est remise en service plus d'un an après l'expiration du dernier permis périodique de navigation.

Cette visite peut être exigée également lorsqu'à raison des conditions dans lesquelles la chaudière fonctionne, il y a lieu par la commission d'en suspecter la solidité.

La chaudière est ensuite remise en ordre de marche, afin de permettre un essai sous vapeur des chaudières et du tuyautage de vapeur. Pour cet essai, le tuyautage de vapeur est, s'il le faut, dégarni soit entièrement, soit dans le voisinage des brides.

Au moment de la visite annuelle ou d'une visite de quatrième année, le propriétaire du navire peut demander que le timbre de ses chaudières soit abaissé. Dans ce cas, l'épreuve hydraulique décrite à l'article 52 est effectuée sur la base du nouveau timbre et celui-ci est poinçonné comme il a été dit plus haut, au lieu et place de l'ancien timbre.

Art. 62. — Sont dispensés des visites, constatations et essais prévus aux articles qui précèdent, les navires dont les propriétaires ont joint à la demande de permis de navigation un certificat délivré par une société de classification reconnue par le ministre de la Marine et établissant que le navire possède la première cote.

Art. 63. — L'inspecteur de la navigation a qualité pour prendre connaissance du journal du bord et du journal de la machine.

Le journal de la machine, coté et paraphé par l'administrateur de l'inscription maritime et visé chaque jour par le capitaine, est tenu par les soins du chef mécanicien qui y consigne tous les faits concernant le fonctionnement et l'entretien des appareils à vapeur.

SECTION II

Appareils moteurs autres que les appareils à vapeur.

Art. 64. — **Modifié** par le décret du 21 avril 1914.

Paris, le 21 avril 1914.

Rapport au Président de la République française, *suivi de deux décrets : 1° Décret modifiant le règlement d'administration publique du 21 septembre 1908 sur la sécurité de la navigation maritime et l'hygiène à bord des navires de commerce; 2° Décret déterminant les conditions auxquelles doit satisfaire l'installation à bord des moteurs à combustion interne ou à explosion ainsi que les épreuves que doivent subir ces moteurs et les visites périodiques auxquelles ils sont assujettis.*

Monsieur le Président,

Le règlement d'administration publique du 21 septembre 1908, sur la sécurité de la navigation maritime et l'hygiène à bord des navires de commerce, contient, dans le chapitre III de sa deuxième section, des dispositions spéciales concernant les navires munis d'appareils moteurs autres que les appareils à vapeur.

Depuis la publication de ce règlement, l'emploi des moteurs à explosion ou à combustion interne a pris une grande extension et il est à prévoir qu'en présence des excellents résultats déjà obtenus, l'utilisation de ce mode de propulsion tendra de plus en plus à se généraliser.

A raison de cette évolution, les dispositions édictées en 1908 sont devenues insuffisantes ; elles doivent être précisées et complétées et le développement qu'elles doivent prendre, de même que leur caractère technique, m'a semblé nécessiter un décret spécial, qui sera rendu en exécution du Règlement de 1908, mais qui constituera un acte distinct de ce document.

A cette fin, j'ai préparé les deux projets de décrets que j'ai l'honneur de soumettre ci-joints à votre haute sanction :

Le premier, adopté par le Conseil supérieur de la Navigation maritime et par le Conseil d'Etat, modifiant le Règlement d'administration publique du 21 septembre 1908 ;

Le second, adopté par le Conseil supérieur de la Navigation maritime, fixant les conditions auxquelles doit répondre l'installation des moteurs à combustion interne ou à explosion, ainsi que les épreuves et visites auxquelles ces moteurs seront assujettis.

Je vous prie d'agréer, Monsieur le Président, l'hommage de mon profond respect.

Le ministre de la Marine,

GAUTHIER.

DÉCRET DU 21 AVRIL 1914

Modifiant le règlement d'administration publique du 21 septembre 1908 sur la sécurité de la navigation maritime et l'hygiène à bord des navires de commerce.

ARTICLE PREMIER. — Les dispositions de l'article 64 du règlement d'administration publique du 21 septembre 1908 sur la sécurité de la navigation maritime et l'hygiène à bord des navires de commerce sont remplacées par les dispositions suivantes :

« *Article 64.* — Un décret rendu sur la proposition du Ministre de la Marine, après avis du Conseil supérieur de la navigation maritime, fixe :

« 1° Les conditions auxquelles doit satisfaire l'installation à bord des moteurs à combustion interne ou à explosion ;

« 2° Les épreuves que doivent subir ces moteurs au cours de leur construction et avant leur mise en service, ainsi que les visites périodiques auxquelles ils sont ultérieurement assujettis. »

ART. 2.

(*Voir page 71 le texte de cet article modifiant l'article 75 du règlement d'administration publique du 21 septembre 1908.*)

DÉCRET DU 21 AVRIL 1914

Déterminant les conditions auxquelles doit satisfaire l'installation à bord des moteurs à combustion interne ou à explosion, ainsi que les épreuves que doivent subir ces moteurs, et les visites périodiques auxquelles ils sont assujettis.

Le Président de la République française,

Sur le rapport du ministre de la Marine ;

Vu la loi du 17 avril 1907 concernant la sécurité de la navigation maritime et la réglementation du travail à bord des navires de commerce ;

Vu le règlement d'administration publique du 21 septembre 1908 sur la sécurité de la navigation maritime et l'hygiène à bord des navires de commerce, et notamment son article 64 ainsi conçu :

« Un décret rendu sur la proposition du ministre de la Marine, après avis du Conseil supérieur de la Navigation maritime, fixe : 1° les conditions auxquelles doit satisfaire l'installation à bord des moteurs à combustion interne ou à explosion ; 2° les épreuves que doivent subir ces moteurs au cours de leur construction et avant leur mise en service, ainsi que les visites périodiques auxquelles ils sont ultérieurement assujettis ; »

Vu l'avis du Conseil supérieur de la Navigation maritime,

Décrète :

CHAPITRE PREMIER

Dispositions générales applicables sur tous les navires à moteur.

Art. 1er. — La chambre des moteurs doit être de dimensions suffisantes pour que toutes les opérations de conduite et d'entretien courant des moteurs principaux et auxiliaires puissent s'effectuer sans danger.

Des appareils de préservation, tringles, masques ou manchons, sont établis de manière à mettre les personnes à l'abri des accidents auxquels peut les exposer l'approche des parties mobiles. Des mains courantes sont placées le long des parois du tunnel et de la chambre des moteurs.

Les échelles de la chambre des moteurs doivent être métalliques.

Art. 2. — Sur les navires de plus de 250 tonneaux et munis de moteurs d'une puissance unitaire supérieure à 150 chevaux, lorsque la chambre des moteurs n'est pas placée à l'arrière, un tunnel ou galerie de visite étanche s'étend de la cloison arrière de ce compartiment jusqu'à la cloison du presse-étoupe. L'entrée du tunnel doit être pourvue d'une porte étanche pouvant se manœuvrer d'un point situé au-dessus de la flottaison en charge.

La hauteur et la largeur du tunnel doivent être suffisantes pour permettre de procéder aisément aux travaux de réparation et d'entretien des lignes d'arbres.

Autant que possible, il doit être prévu dans le tunnel et au-dessus des moteurs des dispositifs facilitant le démontage des arbres et des cylindres.

Art. 3. — La chambre des moteurs doit être pourvue d'un système de ventilation énergique et des dispositions doivent être prises pour empêcher toute accumulation de gaz inflammables ou délétères et pour évacuer les fumées qui peuvent se dégager des moteurs.

Aucun poêle, fourneau de cuisine ou forge ne doit être placé dans la chambre des moteurs. Cependant, sur les navires pourvus de moteurs à combustion interne, ces compartiments peuvent renfermer une ou plusieurs chaudières auxiliaires, mais des précautions doivent être prises pour protéger contre tout risque d'incendie les réservoirs et tuyaux de combustible liquide et les réservoirs d'air.

Art. 4. — La chambre des moteurs est reliée au poste de commandement du navire au moyen d'un télégraphe transmetteur d'ordres à répétition et d'un téléphone ou porte-voix.

Sur les navires pontés de moins de 250 tonneaux, le télégraphe n'est pas exigé, mais il doit exister un timbre d'appel en même temps qu'un porte-voix.

Art. 5. — Lorsque le combustible employé pour l'alimentation des moteurs doit avoir, suivant la déclaration de l'armateur, un point d'éclair supérieur à soixante-cinq degrés centigrades, on peut, sur les navires à coque métallique, affecter à son emmagasinage, soit des soutes latérales ou transversales, soit des compartiments du double fond s'étendant sur toute ou partie de la longueur du navire, soit enfin des réservoirs indépendants de la coque pouvant être placés dans la chambre des moteurs. Sur les navires en bois, ce dernier mode d'emmagasinage est seul autorisé, les réservoirs contenant l'approvisionnement de combustible pouvant également être placés dans la chambre des moteurs.

Art. 6. — Lorsque le combustible employé pour l'alimentation doit avoir un point d'éclair au plus égal à soixante-cinq degrés centigrades, mais supérieur à trente-cinq degrés centigrades, on doit, sur les navires à coque métallique, affecter à son emmagasinage, soit des soutes séparées du compartiment des moteurs par un cofferdam, soit des réservoirs placés dans un local spécial isolé des compartiments voisins par des cloisons étanches et largement ventilé, soit encore des compartiments du double fond à l'exclusion de ceux situés directement au-dessous des moteurs; sur les navires en bois, les réservoirs contenant l'approvisionnement de combustible doivent être placés sur le pont ou dans un compartiment spécial isolé des compartiments voisins et largement ventilé.

Dans les mêmes conditions de point d'éclair, on pourra également prévoir l'emploi des réservoirs indépendants placés dans le compartiment des moteurs, à condition que ces réservoirs soient de faibles dimensions (environ 12 heures de marche au maximum) et que les précautions soient prises pour les isoler des parties chaudes des moteurs, ainsi que des tuyaux d'évacuation et des silencieux.

Art. 7. — Lorsque le combustible employé pour l'alimentation des moteurs doit avoir un point d'éclair au plus égal à trente-cinq degrés centigrades, on doit, sur tous les navires, placer l'approvisionnement de combustible dans des réservoirs indépendants de la coque. Ceux-ci doivent être placés sur le pont ou dans un compartiment spécial largement ventilé qui doit, sur les navires à coque métallique, être séparé de la chambre des moteurs par une cloison métallique étanche; cette cloison peut être en bois sur les navires en bois.

Dans les mêmes conditions de point d'éclair, on pourra, sur les bateaux de moins de 25 tonneaux et jusqu'à ce tonnage, admettre que des réservoirs alimentaires contenant de petites quantités d'essence (six heures de marche au maximum) soient placés dans des espaces clos, séparés par une porte du compartiment du moteur, à condition que ces espaces soient pourvus au-dessous des réservoirs d'une cuvette étanche avec évacuation à la mer et qu'ils soient convenablement ventilés.

Art. 8. — Les dispositions qui précèdent s'appliquent aux navires pontés. Pour les embarcations non pontées, les réservoirs à combustible doivent être soigneusement isolés de toute source de chaleur; s'ils sont placés dans un espace clos, celui-ci doit être largement ventilé. Au cas où une partie de l'approvisionnement doit être renfermée dans des bidons, ces récipients doivent présenter toutes les garanties de solidité et d'étanchéité désirables. Des compartiments spéciaux ou des armoires, éloignés des moteurs et des tuyaux d'échappement, seront disposés pour les recevoir.

Dans tous les cas, des dispositions doivent être prises pour permettre la visite des compartiments et des réservoirs et pour recueillir et évacuer les fuites de combustible ou de lubrifiant qui pourraient se produire.

Art. 9. — La construction et la disposition des soutes et autres compartiments du navire destinés à contenir le combustible liquide doivent répondre aux prescriptions de l'article 51 du Règlement d'administration publique du 21 septembre 1908.

Art. 10. — Les réservoirs ou caisses contenant l'approvisionnement de combustible et les réservoirs de service, caisses de gravitation, etc., doivent être en tôle d'acier, en laiton ou en cuivre rouge de fort échantillon, conformément aux spécifications ci-après :

Les réservoirs ne fonctionnant pas sous pression, constitués par des cylindres à section circulaire dont l'axe est disposé horizontalement et dont le tuyau de remplissage ne s'élève pas à plus de trois fois le diamètre du cylindre au-dessus de la génératrice supérieure de celui-ci, doivent satisfaire aux conditions suivantes :

1° Les échantillons des cylindres, suivant leur diamètre, ne doivent pas être inférieurs à ceux qui figurent au tableau ci-après :

DIAMÈTRE.	ÉPAISSEUR MINIMUM.
400 millimètres et au-dessous	1 millimètre.
De 400 millimètres à 600 millimètres inclus	2 millimètres.
De 600 millimètres à 800 millimètres inclus	3 millimètres.
De 800 millimètres à 1,000 millimètres inclus	4 millim. 5.

2° Les cylindres doivent être munis de renforts en cornières et ces renforts doivent être espacés d'un diamètre au plus;

3° Si le diamètre du cylindre est supérieur à 600 millimètres, les fonds doivent être courbes ou munis de renforts en cornières.

Les réservoirs qui diffèrent par la forme ou les conditions d'installation des réservoirs-types ainsi définis doivent présenter des garanties au moins équivalentes à celles qui résultent des conditions ci-dessus pour les réservoirs-types comparables.

Art. 11. — Les réservoirs d'une capacité supérieure à 100 litres doivent être munis de tuyaux d'air débouchant sur le pont supérieur et terminés par un dispositif apte à empêcher, soit l'introduction de l'eau ou des corps étrangers, soit la propagation d'une flamme venant de l'extérieur.

Les réservoirs placés sur le pont sont solidement assujettis et des dispositions sont prises pour assurer l'étanchéité au passage des tuyaux à travers le pont.

Les réservoirs fonctionnant sous pression doivent être munis d'un manomètre.

Les réservoirs et leur tuyau de remplissage sont soumis, lors de la construction, à un essai hydraulique sous une charge de 500 grammes par centimètre carré; pour les réservoirs fonctionnant sous pression, cette pression est portée au double de la pression de service, sans que la charge puisse être inférieure à 500 grammes par centimètre carré.

Art. 12. — Tous les tuyaux à haute pression pour le combustible liquide et l'air doivent être essayés, lors de la construction, sous une pression au moins égale au double de la pression de service. Les joints du tuyautage se font en employant un système d'assemblage sur faces coniques, métal sur métal ou tout dispositif équivalent.

Les tuyaux sont pourvus d'un robinet sur le réservoir et d'un robinet ou clapet, au moins, à l'arrivée au carburateur ou à la pompe à pétrole; ils doivent être accessibles sur toute leur longueur.

Art. 13. — Les prises d'eau, les robinets et le tuyautage sont disposés de façon à prévenir toute introduction accidentelle d'eau dans le navire; les clapets et soupapes établissant la communication avec l'extérieur doivent être accessibles en tout temps de l'intérieur du navire.

Art. 14. — Des dispositions sont prises pour l'isolement des tuyaux d'évacuation, notamment au passage à travers le bordé des navires en bois ou à travers les ponts en bois.

Les collecteurs d'évacuation et les silencieux doivent être soumis, lors de la construction, à un essai hydraulique sous une charge de 3 kilogr. 500 par centimètre carré.

Art. 15. — Des cuvettes métalliques sont prévues pour recueillir les fuites de combustible et d'huile de graissage au-dessous des moteurs; sur les navires à coque métallique, ces cuvettes peuvent être constituées par la coque elle-même.

CHAPITRE II

Dispositions applicables aux moteurs à combustion interne.

Art. 16. — Les moteurs doivent être munis d'un vireur. Cet appareil peut être à bras jusqu'à la puissance de 1.300 chevaux; pour des puissances supérieures, il doit être actionné mécaniquement.

Art. 17. — Sur les navires à un seul moteur, il doit exister, indépendamment du compresseur d'air principal, un compresseur auxiliaire mû par un moteur auxiliaire, capable, en cas d'avaries du compresseur principal, d'assurer le service du moteur, à l'allure de moindre consommation d'air.

Si le moteur conduisant le compresseur auxiliaire ne peut être lancé lui-même qu'à l'aide d'air comprimé, il doit exister, en outre, pour le remplissage initial des réservoirs de lancement de ce moteur, un petit compresseur supplémentaire autonome.

Sur les navires à deux moteurs, munis chacun d'un compresseur, le compresseur auxiliaire peut être de puissance réduite à condition que chacun des deux compresseurs principaux soit capable d'assurer le service des deux moteurs à l'allure de moindre consommation d'air.

On doit, en outre, prévoir, comme dans le cas précédent, un petit compresseur autonome pour la mise en marche du compresseur auxiliaire.

Art. 18. — Les réservoirs contenant l'air comprimé doivent être de construction robuste; ils sont munis chacun d'une soupape de sûreté. Des manomètres doivent permettre de contrôler la pression dans chacun de ces réservoirs ou bouteilles.

Les bouteilles contenant l'air comprimé, c'est-à-dire les réservoirs cylindriques en métal étiré d'une seule pièce et dont le diamètre ne dépasse pas vingt et un centimètres, doivent satisfaire aux mêmes conditions; toutefois, il pourra n'être disposé qu'une soupape unique pour un groupe de bouteilles, sous la réserve que la mise en charge de chacune ne puisse s'effectuer sans le contrôle de cette soupape.

Les réservoirs et bouteilles d'air comprimé doivent être éloignés de toute source de chaleur (tuyau d'évacuation, tuyau de vapeur, etc.).

Art. 19. — La capacité totale des réservoirs et bouteilles servant à la mise en marche et au changement de marche des moteurs principaux doit être suffisante pour permettre de renverser seize fois consécutivement le sens du mouvement sans faire intervenir les compresseurs. Ce chiffre de seize s'applique aux navires munis d'un seul moteur; il peut être réduit à douze par moteur, pour les navires à plus d'un moteur.

Art. 20. — On doit intercaler sur le tuyautage de pétrole deux filtres disposés de telle sorte que l'on puisse visiter et nettoyer l'un d'eux pendant que l'autre est en fonction.

Art. 21. — Dans les navires à un seul moteur ou lorsque la pompe de circulation est indépendante, on doit prévoir une pompe de circulation de secours.

Lorsque, dans les navires à deux moteurs, chaque moteur a sa pompe de circulation spéciale, le débit de chacun de ces appareils doit être suffisant pour assurer le refroidissement des deux moteurs fonctionnant à allure réduite en cas d'avaries à l'autre pompe.

CHAPITRE III

Dispositions applicables aux moteurs à explosion.

Art. 22 — Pour recueillir les fuites accidentelles qui peuvent se produire, le carburateur est placé au-dessus d'un récipient métallique qui peut être constitué par la cuvette du moteur lui-même.

On doit prendre des dispositions pour empêcher les retours de flammes au carburateur.

Art. 23. — Lorsque le combustible employé est l'essence, l'allumage doit être électrique dans tous les cas. Des précautions sont prises pour que les étincelles ne puissent enflammer les gaz qui viendraient à se former en cas de fuite au carburateur ou au tuyautage.

Les canalisations électriques sont soigneusement isolées; elles doivent être placées sous tube partout où ce sera utile.

Si l'on fait usage d'accumulateurs, ils sont placés dans une caisse garnie intérieurement d'isolants appropriés. Cette caisse est fixée dans un endroit accessible bien ventilé et suffisamment éloigné du moteur pour que les gaz dégagés ne puissent s'enflammer.

La magnéto est placée, si possible, du côté opposé au carburateur.

Art. 24. — Dans les moteurs à explosion utilisant l'air comprimé pour les renversements de marche, les dispositions prévues au chapitre II ci-dessus pour les réserves d'air comprimé et pour les compresseurs s'appliquent, en principe; mais des dérogations à ces règles peuvent être admises, suivant le type des moteurs.

CHAPITRE IV

Épreuves à la construction et visites des moteurs à combustion interne ou à explosion.

Art. 25. — Tout moteur neuf doit, dès sa mise à bord, porter une plaque d'identité indiquant :

1° Le nom du constructeur;
2° Le lieu, l'année et le numéro d'ordre de la construction:
3° Un numéro d'ordre par moteur si le navire en possède plusieurs.

Art. 26. — Les diverses parties du moteur et des accessoires sont soumises, soit chez le constructeur, soit après la mise à bord, à une épreuve hydraulique. Ces épreuves sont exécutées conformément aux règles suivantes :

Les cylindres moteurs sont essayés à une pression égale à

$$1.75 \times Po \times \frac{V}{U}$$

Po désignant la pression d'introduction des gaz,

V le volume total de la cylindrée utile,

U le volume de la chambre de compression y compris les espaces morts.

Les pompes d'injection du combustible et leur tuyautage sont essayés à la même pression que les bouteilles d'air d'injection.

Art. 27. — Lorsque les compresseurs d'air sont à deux phases, les appareils à haute pression sont essayés à une fois et demie leur pression de régime et les appareils à basse pression au double de leur pression de régime.

Pour les compresseurs à trois phases, les appareils à haute pression sont éprouvés à une fois et demie leur pression de régime, les appareils intermédiaires au double de leur pression de régime, et les appareils à basse pression sous une charge égale à leur pression de régime plus 6 kilogrammes.

La pompe de balayage est essayée à une pression de 2 kilogrammes par centimètre carré.

Art. 28. — Après que les épreuves ont été exécutées avec succès, on procède au réglage des soupapes de sûreté existant sur les divers appareils et au poinçonnage des timbres apposés par le constructeur sur les réservoirs d'air comprimé. Ces timbres, conformes au modèle réglementaire, indiquent en kilogrammes, par centimètre carré, la pression effective qui ne peut être dépassée; ils reçoivent trois nombres indiquant le jour, le mois et l'année de la mise en service : un de ces timbres est placé de manière à être toujours apparent.

Art. 29. — Avant la mise en service du navire, le bon fonctionnement des moteurs principaux et auxiliaires est vérifié par un essai de marche au point fixe ou en route libre.

Art. 30. — Les dispositions précédentes, relatives aux épreuves et essais, s'appliquent aux moteurs principaux et auxiliaires et aux accessoires de moteurs embarqués sur des appareils en service.

Art. 31. — La visite annuelle des moteurs comporte un examen d'ensemble portant sur les moteurs principaux et auxiliaires, sur les compresseurs d'air, les pompes, le tuyautage, les réservoirs et autres dépendances.

Art. 32. — Les moteurs principaux et auxiliaires sont soumis, tous les quatre ans, au moment des grandes visites de la coque, à des vérifications plus complètes.

A cette époque, les culasses des machines principales sont enlevées et les pistons sortis, les paliers des arbres manivelles sont ouverts; sont examinées notamment les aiguilles d'injection et tous les autres accessoires sur les culasses, ainsi que les compresseurs d'air et leurs clapets, les pompes, le tuyautage d'alimentation et les filtres.

Les réservoirs d'air comprimé doivent subir, tous les quatre ans, une épreuve hydraulique exécutée dans les mêmes conditions que ci-dessus.

A la suite des visites de quatrième année, la Commission constate le bon fonctionnement des moteurs au point fixe ou en route libre.

Art. 33. — Un renouvellement de l'épreuve initiale peut également être exigé par la Commission pour les tuyautages et autres dépendances du moteur, lorsqu'à raison des conditions dans lesquelles fonctionnent ces appareils il y a lieu pour la Commission, d'en suspecter la solidité.

Art. 34. — Les dispositions des articles 59 à 63 inclus du règlement d'administration publique du 21 septembre 1908, relatives aux chaudières à vapeur, s'appliquent, dans les mêmes conditions, aux moteurs à combustion interne et à explosion.

Art. 35. — Le ministre de la Marine est chargé de l'exécution du présent décret, qui sera publié au *Journal officiel de la République française* et inséré au *Bulletin des lois*.

Fait à Paris, le 21 avril 1914.

R. Poincaré.

Par le Président de la République :

Le ministre de la Marine,

Gauthier.

CHAPITRE IV

Instruments et documents nautiques. — Objets d'armement et de rechange.

Art. 66 (*texte nouveau conforme au décret du 21 juin 1912*). — Les navires de plus de 25 tonneaux affectés *soit* à une navigation de long cours, *soit à des navigations* de cabotage international ou de grand cabotage national *les éloignant de plus de 400 milles de tout port français* sont pourvus au moins des instruments et documents nautiques, ainsi que des objets d'armement et de rechange, dont les nomenclatures figurent à l'article suivant.

S'ils se livrent à une navigation autre que celles qui sont prévues ci-dessus, ils doivent, en principe, être pourvus des mêmes instruments et du même matériel, sauf les réductions et exceptions expressément indiquées aux tableaux *de l'article 67*. Toutefois, la commission de visite peut dispenser d'avoir à bord de ces navires ceux des instruments et objets qui sont marqués d'un astérisque, lorsqu'il est reconnu que ces dispenses ne peuvent avoir d'inconvénients.

Nomenclature des instruments et documents nautiques dont les navires doivent être pourvus et conditions auxquelles doivent satisfaire ces instruments.

(Abréviations : A. Long cours. — B. Cabotage international et grand cabotage national.)

OBJETS	A	B	OBSERVATIONS
Chronomètre*	2	1	Les chronomètres doivent être suspendus à la cardan dans des boîtes fixées en un lieu le plus possible à l'abri des trépidations, secousses, variations de température, etc.
Montre d'habitacle	1	1	Les navires à vapeur ou à propulsion mécanique doivent, en outre, avoir une montre d'habitacle dans la machine.
Baromètre	2	1	Un des baromètres doit être enregistreur sur les navires au long cours qui doivent en avoir deux.
Thermomètre	1	1	Un de plus pour la machine sur les navires à vapeur ou à propulsion mécanique.
Sextant*	2	1	Les sextants doivent être munis de tous leurs accessoires.
Longue-vue*	1	1	
Jumelle marine	2	1	
Compas complets	Le nombre nécessaire suivant les installations.		Un par poste de barre et un autre pour les relèvements, si ceux-ci ne peuvent être pris avec un compas de barre. En tous cas, jamais moins de deux compas, dont un au moins fixé, compensé et réglé, ajusté avant le départ et muni d'alidades et de sa table de déviation. De plus, un compas de rechange avec alidade et un compas sur chaque embarcation de sauvetage, dans les conditions prévues par l'article 86.
Rose des vents	2	1	En plus de celle qui appartient au compas.
Loch à hélice* ou loch électrique, avec remorque appropriée	1	1	Obligatoire sur tous les navires à passagers, sur les vapeurs de 500 tonneaux et au-dessus, et sur les voiliers de 100 tonneaux et au-dessus.
Cartes et instructions nautiques[1]	Suivant le voyage à entreprendre.		
Ouvrages nautiques (Connaissances des temps ou éphémérides. Annuaire des marées. Livre des phares et fanaux pour le voyage à entreprendre[1]).	1 de chaque sorte.	1	Ces documents doivent être tenus à jour au moyen des renseignements fournis par le service hydrographique.
Rapporteur	2	1	
Compas à pointes sèches	2	2	
Fanaux de route ou verrines. Matériel de signaux de jour et de nuit, de brume et de détresse.	En quantité suffisante pour permettre de se conformer aux règlements en vigueur.		
Un fanal électrique ou non pour signaux Morse.	1	1	
Sonde avec plomb	3	2	Dont une d'au moins 200 mètres.
Sondeur mécanique permettant de sonder en vitesse	1	1	Sur tous les navires à vapeur ou à propulsion mécanique, armés au long cours, au cabotage international ou au grand cabotage national, ainsi que sur les voiliers armés au long cours.
Code international des signaux et série complète de pavillons	1	1	
Table d'azimut	1	1	

1. Les cartes, instructions et ouvrages nautiques doivent être à la disposition de l'officier de quart quand la terre ou des feux sont en vue.

Nomenclature des objets d'armement et de rechange dont les navires doivent être pourvus, et conditions auxquelles doivent satisfaire ces objets.

A. — Armement.

OBJETS	OBSERVATIONS
Ancres, chaînes, grelins, aussières.......	Le nombre, les dimensions ou le poids des ancres, chaînes, grelins et aussières, doivent être conformes aux indications des tableaux réglementaires du Bureau Véritas pour les dimensions, le type et l'affectation du navire envisagé. Les navires possédant, à l'un des registres de classification reconnus, la première cote, sont considérés comme pourvus des ancres, chaînes, grelins et aussières réglementaires.
Gréement et voilure..................	Complet en bon état.
Outillage de charpentier................	Hache, herminette, ou ciseau à 6 ars, pince, repoussoir à chaîne et emmanché, marteau, tranche, égoïne, scie, masse, clous, vis, etc. Sur les navires en bois, chevilles et gournables, bordage de chêne, ayant environ 6 mètres de longueur sur 25 centimètres de largeur et 5 centimètres d'épaisseur.
Outillage de calfat....................	Un maillet et cinq fers.
Étoupe, brai ou mastic.................	En quantité suffisante pour calfater environ 5 p. 100 de la superficie du pont supérieur, superstructures comprises, et des œuvres mortes.
Ciment à prise rapide..................	150 kilogr. environ.
Goudron............................	50 litres environ.
Forge et outillage de forgeron..........	Ne sont exigés que si le navire est en fer ou en acier, ou s'il est à propulsion mécanique. L'outillage comporte notamment un cliquet avec mèche, des masses, tranches et poinçons emmanchés pour chasser les rivets, ainsi que les tranches dites « ravageurs ».
Tôle de fer ou d'acier et boulons........	Tôle de fer ou d'acier, de 2 mètres carrés de surface environ et de l'épaisseur de la tôle la plus faible du bordé, sans dépasser 12 millimètres. 20 kilogr. de boulons assortis.
Tapes en bois et couverts en toiles......	ou autres dispositifs pour la fermeture des manches à air exposées à la mer : Un jeu complet.
Appareil autonome pouvant flotter et fournir un éclairage extérieur au navire...	Cet appareil doit être d'un fonctionnement automatique instantané, d'une durée minimum de deux heures, et être du type d'une bouée lumineuse. Il doit y en avoir au moins deux à bord de tout navire à passagers de la 1re catégorie visée à l'article 77. Sur les navires à passagers de plus de 1.500 tonneaux, ils doivent être au nombre de quatre au moins, toujours disposés deux de chaque bord, sur le pont ou les passerelles, en des points convenablement choisis, de façon à pouvoir être utilisés immédiatement au moyen d'une manœuvre aisée. Ces dispositions ne s'appliquent pas aux navires qui ne font pas de voyages de nuit.
Lampes de poche électriques...........	D'une durée minimum de deux heures, en nombre égal à celui des officiers du navire et devant être distribuées dès l'embarquement.

B. — Objets de rechange pour tous les navires.

OBJETS	OBSERVATIONS
Palans de fortune pour la manœuvre du gouvernail	Gréés et frappés sur des boucles convenablement disposées.
Manilles d'assemblage des drosses	Un jeu.
Manilles d'assemblage des chaînes d'ancre	Une par chaîne.
Manilles de jonction sur l'ancre	Une par ancre.
Prélarts de rechange	Un pour chaque panneau.
Accessoires de pompes de cales	Un jeu de rechange par pompe.
Filin assorti pour manœuvres courantes et amarrages	Environ 1 kilogr. par 3 tonneaux de auge nette. Les navires ayant des rides en filin ont en plus une pièce de rides.
Ridoirs	Deux par mât carré.

C. — Objets de rechange spéciaux aux navires à voiles.

VOILES, ESPARS		LONG COURS au delà des caps.	LONG COURS en deçà des caps.	CABOTAGE international et grand cabotage national au delà de 400 milles.	PETIT cabotage.	OBSERVATIONS
Voile de rechange pour navires ayant 2 phares carrés....	Petit foc....................	1	1	1	»	Plus, pour les navires de long cours, une quantité de toile à voile suffisante pour compléter le jeu des voiles majeures en vergue avec les rechanges ci-contre. Pour les navires ayant plus de 2 mâts carrés, en plus : un hunier complet et une basse voile, et pour la navigation au delà des caps Horn ou de Bonne-Espérance, un perroquet complet. Les mâts de charges et autres pièces de bois n'ayant pas un emploi dans la mâture du navire sous voiles peuvent être admis comme pièces pour jumelles.
	Grand foc....................	1	1	»	»	
	Grande voile..................	1	»	»	»	
	Misaine......................	1	1	1	»	
	Hunier complet................	2	2	1	»	
	Perroquet complet.............	1	1	»	»	
Voiles de rechange pour navires à voiles goélettes....	Petit foc....................	1	1	1	»	
	Grand foc....................	1	1	»	»	
	Voile goélette................	2	1	1	»	
Espars de rechange pour navires ayant deux phares carrés.	a) Espars pouvant faire vergue de hunier volant ou mât de perroquet..................	1	1	1	»	
	b) Espars pouvant faire vergue de perroquet...............	1	1	1	»	
	c) Pièces de bois de 3 mètres pouvant servir à faire des jumelles de mâts.............	2	1	1	1	
Navires gréés en goélettes............	a) Espars suivant le genre de gréement, à fixer par la commission....................	2	1	1	»	
	b) Pièces de bois pouvant servir à faire des jumelles..........	2	1	1	1	

D. — Objets de rechange spéciaux aux navires à vapeur.

OBJETS	LONG COURS, cabotage international. grand cabotage national.	AUTRES NAVIGATIONS	OBSERVATIONS
Coussinets de bielle	1 paire.	»	On doit avoir, en outre, les principales clefs de démontage et un nombre suffisant de tampons pour tubes, si les chaudières sont à tubes de flamme. Sur les navires affectés au transport de charbon ou d'autres marchandises dangereuses, il doit y avoir à bord quatre lampes de sûreté. Sur les navires pourvus d'une installation électrique, les rechanges indispensables sont exigées, suivant le type des appareils employés.
Boulons avec écrous — pour tiges de piston ou tête de bielle	2	1	
Boulons avec écrous — pour pied de bielle	2	1	
Boulons avec écrous — pour paliers d'arbres à manivelles	2	1	
Boulons avec écrous — pour accouplement d'arbres	1 jeu.	1 jeu.	
Clapets de pompes — de cale — s'ils sont métalliques	1 jeu.	1 jeu.	
Clapets de pompes — de cale — s'ils sont en caoutchouc	3 jeux.	2 jeux.	
Clapets de pompes — alimentaires	1/2 jeu.	1/2 jeu.	
Sièges de clapets (s'ils sont amovibles)	1 jeu.	1/2 jeu.	
Segments de piston*	1 jeu.	1/2 jeu.	
Ressorts de soupape de sûreté	1 jeu.	»	
Tubes de niveau d'eau (verre)	2 jeux plus 12.	1 jeu plus 6.	
Manomètres	1 (pour 2 corps de chaudière).	1	
Tubes de chaudière	5 p. 100 du nombre total.	»	
Tubes de condenseurs	4 p. 100 du nombre total.	»	
Barreaux de grille	1/2 jeu.	»	
Manche à incendie en toile	1	1	
Lampes pour feux électriques (s'il y a l'électricité à bord)	1 jeu.	1 jeu.	
Lampes de sûreté	2	1	
Outils de chauffe	1 jeu.	1 jeu.	
Matières pour joints d'eau et de vapeur.			

E. — **Plans dont doit être muni tout navire entré en service postérieurement à la date de mise en vigueur de la loi.**

(Facultatifs pour les navires en bois au-dessous de 300 tonneaux.)

VOILIERS	NAVIRES A VAPEUR
Plan du gouvernail et étambot. Échelle de charge. Coupe au maître. Plan de voilure. Plan général d'aménagement Plan des chaudières auxiliaires et des soupapes. Plan du ballast et du tuyautage, d'aspiration aux cales. (Ce plan devra présenter les ballasts et autres compartiments contenant des lests et chargements liquides et comprendre une légende ou un tableau fournissant les indications pour l'utilisation, le remplissage et l'épuisement de ces espaces.)	Plan du gouvernail, étambot et propulseur. Échelle de charge. Coupe au maître. Plan général d'aménagement. Plan des chaudières et des soupapes. Plan du tuyautage des cales et ballast (deux expéditions). Plan des cales et faux-ponts donnant le cubage de chaque compartiment. Plan de la machine. Plan de l'installation électrique et du service d'incendie. Plan des puisards, vannes et portes étanches et de leur manœuvre (deux expéditions).

Art. 68. — Sur tout navire ayant un appareil à gouverner éloigné de l'arrière, il doit y avoir, au-dessus du gouvernail, un appareil à gouverner de secours. A cet effet, la tête du gouvernail porte deux dispositifs de manœuvre indépendants, barre franche, secteur ou manchon à bras, disposés de telle façon que l'un puisse suppléer l'autre et que les palans de fortune puisse s'y fixer.

Sur les navires de plus de 800 tonneaux développant plus de 500 chevaux indiqués, il est exigé un servo-moteur ayant sur la chaudière une prise de vapeur distincte des prises de vapeur principales. La roue de commande du servo-moteur est reliée à un indicateur de l'angle de barre, qui doit être disposé de telle sorte que, lorsque l'index se dirige vers la direction marquée bâbord ou gauche, le safran du gouvernail soit porté sur bâbord ou sur la gauche, et que, lorsque l'index se dirige vers la direction marquée tribord ou droite, le safran du gouvernail soit porté sur tribord ou sur la droite.

Art. 69. — Les navires affectés à une navigation de long cours, de cabotage international ou de grand cabotage national doivent être munis de fanaux et autres signaux prescrits par les règlements en vigueur. Tous ces fanaux et signaux doivent avoir la puissance requise et être en bon état de service.

Les porte-fanaux et écrans doivent être solides; les fanaux sont abrités autant que possible contre la mer.

S'il est fait usage de lampes électriques, des fanaux de secours en bon état de service, utilisant un autre genre d'éclairage et ayant la puissance requise, sont disposés à proximité et prêts à être mis en place en cas de besoin.

Pour chaque chronomètre réglementaire l'état absolu et la marche sont déterminés.

Si le navire est pourvu d'une installation électrique, la régulation des compas doit être faite, les dynamos étant successivement en marche et au repos.

Art. 70. — Les navires de plaisance doivent être pourvus des instruments et documents nautiques ainsi que des objets d'armement et de rechange énumérés ci-dessous :

a) Sur les yachts pour le commandement desquels il n'est exigé qu'un patron :

Cartes et instructions nautiques;

Livres des phares;

1 compas de route et 1 compas de relèvement, à moins que le compas de route ne comporte une alidade;

1 rapporteur;

1 compas à pointe sèche;

1 baromètre anéroïde;

1 sonde avec plombs, de 100 mètres;

1 jumelle marine;

b) Sur les yachts pour le commandement desquels il n'est exigé qu'un capitaine de yacht :

En plus des objets indiqués au paragraphe *a* ci-dessus :

1 sextant ou octant;

1 chronomètre ou une montre de torpilleur ou une montre à secondes;

Connaissance des temps ou Éphémérides;

c) Sur les yachts pratiquant le grand cabotage ou le long cours :

Les objets indiqués au paragraphe *a* et *b* ci-dessus, le chronomètre et une montre de torpilleur pouvant servir de compteur.

Le tableau A de l'article 67 s'applique en ce qui concerne les ancres et les chaînes, le gréement et la voilure.

Le tableau B s'applique en ce qui concerne les manilles d'assemblage des drosses et chaînes d'ancres.

Le tableau C ne s'applique pas; mais il doit y avoir à bord des voiles de rechange en bon état, et en nombre suffisant suivant le gréement du yacht.

Le tableau D s'applique en faisant usage dans tous les cas, de la colonne intitulée : « autres navigations ».

Le tableau E ne s'applique pas.

CHAPITRE V

Installations, embarcations, appareils ou engins de sauvetage.

SECTION PREMIÈRE

Installations.

Art. 71. — Tout navire à voiles doit avoir au moins deux pompes à bras de puissance convenable, munies chacune d'un tuyautage fixe d'aspiration à la cale.

Si le navire comporte, à l'arrière de la cloison d'abordage, deux ou plusieurs compartiments étanches, il doit avoir dans chacun de ces compartiments, un tuyau d'aspiration provenant de chacune des deux pompes à bras.

Le coqueron avant des navires en fer et en acier est épuisé par une pompe à bras spéciale.

Les navires en fer ou en acier pourvus de water-ballast ou de cales à eau ayant une capacité supérieure à 100 tonnes doivent être munis, pour le remplissage et la vidange de ces compartiments, d'un système de pompage à vapeur alimenté par une chaudière auxiliaire.

Ces compartiments sont, en outre, desservis par des pompes à bras spéciales.

Les aspirations sont, autant que possible, placées à l'arrière des compartiments. Elles sont munies de crépines.

Il doit y avoir, dans chaque compartiment, non compris les coquerons, une archipompe s'étendant depuis les fonds jusqu'à un pont situé au-dessus de la flottaison en charge, et dans laquelle sont disposés les tuyaux d'aspiration des pompes de cale.

Cette archipompe doit avoir les dimensions suffisantes pour que l'on puisse y travailler avec facilité et être accessible par le pont supérieur et par l'entrepont.

Les entreponts sont pourvus de tuyaux d'orgue pour l'écoulement des eaux dans la cale.

Tous les compartiments doivent être pourvus de tuyaux de sonde disposés de façon à être toujours accessibles.

Toutes les vannes et tous les robinets placés sur le tuyautage des pompes en dehors des archipompes doivent être manœuvrables d'un pont situé au-dessus de la flottaison en charge, et d'un endroit du pont toujours accessible.

Les six premiers alinéas seulement du présent article s'appliquent aux navires de pêche et aux navires de plaisance.

Sur les navires de plaisance, lorsque le lest est placé dans l'intérieur du navire, les dispositions doivent être prises pour ne pas gêner l'acheminement des eaux vers les aspirations des pompes.

Art. 72. — Les navires à voiles de plus de 200 tonneaux ont une pompe à lavage, placée à l'avant ou à l'arrière, ayant sa prise d'eau installée de telle façon que le tuyautage ne passe pas dans les cales. Cette pompe est munie de raccords et de manches à incendie permettant de refouler l'eau dans toutes les parties du navire.

Les navires de plus de 800 tonneaux ont, en plus de la pompe visée par le paragraphe précédent, une pompe à incendie portative à bras, aspirante et refoulante, munie de manches et autres accessoires permettant de l'utiliser pour envoyer de l'eau dans toutes les parties du navire.

Art. 73. — Les navires à vapeur ont deux pompes à vapeur (ou au moins une pompe de cale mue par la machine et un petit cheval) permettant d'assécher tous les compartiments, à l'exception des coquerons, puits aux chaînes et autres compartiments de faible capacité.

Ces pompes sont pourvues d'une boîte égyptienne placée au-dessus du parquet, d'un accès et d'un démontage faciles.

Chaque cale est desservie, en outre, par une pompe à bras se manœuvrant d'un pont situé au-dessus de la flottaison en charge; il en est de même du coqueron avant, lorsqu'il ne sert pas de water-ballast.

Au lieu des pompes à bras requises dans chaque cale, il peut être fait emploi d'une pompe unique à volant placée au-dessus de la flottaison en charge et reliée au tuyautage d'aspiration des pompes de cale à vapeur.

Dans les navires ayant un double fond sans puisard, les aspirations des pompes de cale sont doublées et placées aux bouchains, de part et d'autre du double fond.

Les aspirations sont autant que possible placées au point le plus bas des compartiments. Elles sont munies de crépines disposées de façon à pouvoir être facilement visitées et nettoyées.

Les entreponts sont munis de tuyaux d'évacuation ou tuyaux d'orgue, permettant l'écoulement des eaux dans la cale.

Toutefois, les entreponts situés à une grande hauteur au-dessus de la flottaison en charge peuvent être munis de dalots évacuant à travers la muraille.

Tous les compartiments sont pourvus de tuyaux de sonde disposés de façon à être toujours accessibles. Le tuyautage des water-ballast doit être étanche jusqu'au pont supérieur et disposé de manière à ce que l'eau ne puisse se répandre dans les cales ou dans les puisards des cales.

Les tuyaux de pompe sont solidement fixés à leur passage à travers les cloisons; ils doivent être protégés sur toute la longueur des cales à marchandises et des soutes.

Toutes les vannes et tous les robinets placés sur le tuyautage des pompes, en dehors du compartiment des machines et chaudières, doivent être manœuvrables d'un pont situé au-dessus de la flottaison en charge et d'un endroit du pont toujours accessible.

Les tuyaux d'aspiration des pompes de cale, et leur robinetterie, sont disposés de telle sorte qu'ils ne permettent pas à l'eau de passer d'un compartiment à l'autre.

Le tuyautage d'épuisement des cales est entièrement indépendant du tuyautage de remplissage et d'épuisement des water-ballast. Ces deux catégories de tuyaux doivent aboutir à des boîtes de distributions distinctes et être installées de manière à rendre impossible l'introduction accidentelle de l'eau dans le navire.

Sur les navires de moins de 200 tonneaux, un éjecteur peut remplacer le petit cheval prévu ci-dessus comme moyen d'épuisement.

Un plan détaillé de tout l'arrangement du tuyautage d'épuisement des cales et du tuyautage de remplissage et d'épuisement des water-ballast, coquerons, cales à eau, est placé en vue dans un endroit où les officiers du pont et de la machine puissent le consulter facilement.

Les six premiers alinéas et le dernier sont seuls applicables aux navires de pêche. Sur ces navires, plusieurs compartiments d'une même cale peuvent être desservis par une même aspiration.

En outre des dispositifs prévus pour l'épuisement des cales, des compartiments des machines et des chaufferies, tels qu'ils sont ci-dessus définis, on devra installer sur la pompe automotrice de cale une aspiration spéciale à raccord permettant d'aspirer au moyen d'une manche flexible de chaque bord, aussi bien dans le compartiment des machines que dans celui des chaufferies.

Art. 74. — Sur tous les navires à vapeur de plus de 200 tonneaux, une pompe à vapeur reliée à un tuyautage fixe spécial est affectée particulièrement au service d'incendie.

Cette pompe doit pouvoir être alimentée indistinctement par les chaudières principales ou par la chaudière auxiliaire.

Le tuyautage fixe placé sur le pont supérieur est muni de bouches pour la fixation de manches flexibles à incendie. La disposition de ces bouches et la longueur des manches doivent être telles qu'elles permettent d'atteindre toutes les parties du navire.

Ces mêmes navires sont munis, en outre, d'une pompe à incendie portative se manœuvrant à bras, et pourvue d'une manche flexible spéciale.

Un dispositif pour l'extinction des incendies est installé dans les soutes, ainsi que dans les cales et entreponts, à moins que le navire ne soit exclusivement affecté au transport de marchandises incombustibles ou non spontanément inflammables.

Les soutes à poudre sont pourvues de robinets permettant de les noyer et de tous autres dispositifs nécessaires.

Les ouvertures pour prises d'eau ou évacuations percées dans la muraille sont munies, à toucher le bordé, ou aussi près que possible de celui-ci, de robinets ou soupapes disposés de façon à pouvoir être manœuvrés facilement et avec rapidité du dessus du parquet des machines ou d'un endroit situé au-dessus de la flottaison en charge, et à rester en tout temps accessibles.

Cette prescription ne s'applique pas à l'évacuation des dalots du pont supérieur, des lavabos et des water-closets, non plus qu'à l'évacuation des conduits à escarbilles, dont l'orifice inférieur est placé au-dessus de la flottaison. Ces ouvertures peuvent être munies de simples clapets.

Lorsqu'il existe une boite de prise d'eau générale en acier coulé ou en tôle, elle doit être très fortement échantillonnée et solidement assujettie sur le bordé ; elle est munie d'une crépine.

Toutes les dispositions ci-dessus s'appliquent aux navires de pêche, sauf celle qui est relative à la pompe à incendie portative.

ART. 75. — Modifié.

Art. 2 du décret du 21 avril 1914 modifiant le règlement d'administration publique du 21 septembre 1908 sur la sécurité de la navigation maritime et l'hygiène à bord des navires de commerce.

Les dispositions du premier alinéa de l'article 75 du règlement d'administration publique du 21 septembre 1908 sont remplacées par les dispositions suivantes :

« ART. 75. — Les prescriptions des articles 73 et 74 s'appliquent aux navires à propulsion mécanique autres que les navires à vapeur, sous réserve, toutefois, des modifications suivantes :

« Sur les navires de moins de 250 tonneaux et lorsque la puissance au frein du moteur est égale ou supérieure à 50 chevaux, mais au plus égale à 150 chevaux, l'épuisement du compartiment du moteur se fait au moyen d'une pompe mue par le moteur ou par un moteur auxiliaire et d'une pompe à bras.

« Au-dessous de 50 chevaux, une pompe à bras seule, est exigée dans ce compartiment.

« L'épuisement des autres compartiments se fait au moyen de pompes à bras suivant les prescriptions de l'article 71.

« Au-dessus de 250 tonneaux ou lorsque la puissance du moteur est supérieure à 150 chevaux, il est procédé pour l'épuisement de tous les compartiments conformément aux dispositions des articles 71 à 74.

Il doit y avoir, sur tous les navires de plus de 800 tonneaux, à voiles, à vapeur ou à propulsion mécanique, dix seaux et deux haches à incendie au moins ; au-dessous de 800 tonneaux, cinq seaux et une hache à incendie seulement sont exigés.

Des appareils extincteurs d'un modèle éprouvé, grenades ou autres, sont placés dans tous les couloirs et locaux affectés au logement collectif des passagers et de l'équipage, dans les cambuses et dans les compartiments contenant des marchandises dangereuses.

Art. 7 *bis*. — Indépendamment des mesures prescrites aux articles 12 et 20 du présent règlement, des dispositions doivent être prises pour assurer, en vue du sauvetage, l'éclairage des diverses parties du navire et, en particulier, celui des ponts sur lesquels sont placées les embarcations de sauvetage et celui des postes de télégraphie sans fil. Cet éclairage de sécurité, électrique ou autre, est exigé tant sur les navires actuellement en service que sur les navires neufs affectés au transport des passagers de la première catégorie définie par l'article 77. Il doit exister une source autonome capable d'alimenter, le cas échéant, les appareils de cet éclairage de sécurité, et placée dans les régions supérieures du navire, à la plus grande hauteur pratiquement possible au-dessus de la flottaison.

Sur tous les navires, l'issue de chaque compartiment limité par une cloison étanche, doit être éclairée en permanence par un fanal de secours indépendant de l'éclairage normal du navire et fermé à clef. Ces fanaux de secours peuvent être alimentés par la source autonome prévue au paragraphe précédent, si l'on emploie à cet effet un circuit indépendant et si cette installation fonctionne concurremment avec l'éclairage normal du navire.

En outre, les navires affectés au transport des passagers de la première catégorie doivent être munis, en des points convenables, de sonneries, timbres ou autres appareils sonores commandés de la passerelle de manœuvre, en vue de donner le signal d'alarme aux passagers et à l'équipage.

Sur les navires qui possèdent une installation radiotélégraphique, si l'on ne peut communiquer aisément à la voix entre le poste de manœuvre du navire et le poste de télégraphie sans fil, il devra être installé, dans ce dernier poste, une sonnerie ou un timbre d'appel commandé du poste de manœuvre, et, entre ces deux postes, un téléphone ou un porte-voix.

SECTION II

Embarcations et engins de sauvetage.

Art. 76. — Le nombre des embarcations, appareils et engins de sauvetage dont un navire doit être pourvu varie suivant que ce navire est affecté ou non au transport des passagers.

Tout navire ayant à bord plus de dix personnes, non compris le capitaine, maître ou patron, les officiers et les hommes d'équipage, est réputé affecté au transport des passagers, alors même qu'il ne serait pas habituellement employé à ce service.

Art. 77. — Les navires sont répartis, en outre, suivant la nature de leurs voyages, telle qu'elle ressort de la déclaration prévue à l'article 1er du présent règlement, en deux catégories, savoir :

1re catégorie. — Navires accomplissant des voyages au long cours ou des voyages au cabotage en dehors des parages visés dans la catégorie suivante.

2e catégorie. — Navires ou bateaux accomplissant des voyages :

Dans les estuaires ou embouchures des fleuves;

Dans les baies et rades, qu'elles reçoivent directement la mer du large ou qu'elles soient fermées;

Entre les côtes de France, de Corse ou d'Algérie, d'une part, et les îles qui bordent ces côtes à moins de 30 milles, d'autre part;

Pour les courtes excursions en mer;

Dans les lacs, bassins et étangs d'eau salée.

Art. 78. — Les embarcations de sauvetage appartiennent à l'un des types suivants :

Type n° 1. — Embarcation de construction appropriée, en bois ou en métal, d'une capacité d'au moins 3 mètres cubes, et dont la flottabilité est assurée par l'un des dispositifs suivants :

a) Caissons à air étanches ayant une capacité au moins égale à 10 % de la capacité de l'embarcation, mesurée comme il est dit à l'article 84.

b) Caissons à air ou garnitures insubmersibles ayant une flottabilité égale à celle de l'embarcation visée au paragraphe *a*.

Cette flottabilité est assurée, pour moitié au moins, au moyen de caissons à air ou de garnitures insubmersibles placés à l'intérieur de l'embarcation, et, pour le reste, par une ceinture garnie de substances insubmersibles placée à l'extérieur.

Le volume des garnitures insubmersibles doit être supérieur de 25 % celui des caissons à air qu'elles remplacent.

Type n° 2. — Embarcation de construction appropriée, en bois ou en métal, d'une capacité d'au moins 3 mètres cubes, dont la flottabilité inférieure de moitié au plus à celle d'une embarcation de type n° 1, est assurée par les mêmes dispositifs, les garnitures insubmersibles étant placées, en totalité ou en partie, à l'intérieur ou à l'extérieur.

Type n° 3. — Embarcation en bois, de construction appropriée et d'une capacité d'au moins 3 mètres cubes.

Les caissons à air ou les garnitures insubmersibles des embarcations en métal, appartenant aux types n° 1 ou n° 2, doivent donner un excédent de flottabilité assurant à ces embarcations une flottabilité totale égale à celle des embarcations en bois.

Art. 79. — Sous réserve des dispositions prévues à l'article 87, tout navire à passagers de la première catégorie doit avoir à bord des embarcations de sauvetage dont le nombre et la capacité totale sont fixés par le tableau ci-après.

Tableau indiquant le nombre minimum d'embarcations de sauvetage que doivent avoir à bord les navires à passagers de la 1re catégorie, et la capacité minimum que doit représenter l'ensemble de ces embarcations.

JAUGE BRUTE				NOMBRE minimum d'embarcations sous porte-manteaux.	CAPACITÉ minimum de l'ensemble des embarcations.
					Mètres cubes.
200	tonneaux	à	400	2	8
400	—	à	600	2	12
600	—	à	800	3	20
800	—	à	1.000	4	25
1.000	—	à	1.500	4	34
1.500	—	à	2.000	6	48
2.000	—	à	2.500	6	56
2.500	—	à	3.000	6	58
3.000	—	à	3.500	8	68
3.500	—	à	4.000	8	73
4.000	—	à	4.500	8	79
4.500	—	à	5.000	8	82
5.000	—	à	5.5 0	10	96
5.500	—	à	6.000	10	101
6.000	—	à	6.500	12	113
6.500	—	à	7.000	12	119
7.000	—	à	7.500	12	125
7.500	—	à	8.000	12	129
8.000	—	à	9.000	14	142
9.000	—	à	10.000	14	149
10.000	—	à	11.500	14	155
11.500	—	à	13.000	14	165
13.000	—	à	15.000	14	180
15.000	—	et au-dessus		16	200

La moitié au moins des embarcations de sauvetage prescrites par ledit tableau doit appartenir au type n° 1, et offrir, dans son ensemble, une capacité au moins égale à la moitié de celle qui est inscrite dans la troisième colonne dudit tableau.

Les autres embarcations de sauvetage peuvent appartenir indistinctement à l'un quelconque des types sans toutefois qu'il puisse y en avoir plus de deux du type n° 3.

Pour les navires dont la jauge brute est inférieure à 200 tonneaux une seule embarcation du type n° 1 ou n° 2 est exigée.

Art. 80. — Sous réserve des dispositions prévues à l'article 87, tout navire à passagers de la 2e catégorie doit avoir à bord :

Au moins deux embarcations de sauvetage des types n° 1 ou n° 2, à raison d'une de chaque bord, s'il a 100 tonneaux de jauge brute ou davantage.

Au moins une embarcation de l'un de ces types, s'il a une jauge brute inférieure à 100 tonneaux.

Art. 81. — Sous réserve des dispositions prévues à l'article 87, tout navire de la 1re ou de la 2e catégorie, non destiné au transport des passagers, doit avoir à bord autant d'embarcations de sauvetage des types définis à l'article 78 qu'il est nécessaire pour contenir le personnel du bord ; la moitié au moins de ces embarcations doit appartenir aux types n° 1 ou n° 2.

Art. 82. — L'une au moins des embarcations du bord doit avoir les dimensions suffisantes et être pourvue des installations utiles pour lui permettre de porter sans danger la plus grosse des ancres à jet et de la relever. Toutefois, lorsque le poids de cette ancre excède 500 kilogr., il suffit qu'il y ait à bord des embarcations pouvant la porter en étant accouplées.

Art. 83. — Les caissons à air des embarcations de sauvetage doivent être solides et parfaitement étanches. Ils ont, au maximum, 1m,20 de longueur.

Les caissons des embarcations en bois sont en cuivre, laiton ou autre substance solide et durable. Ceux des embarcations métalliques peuvent être confectionnés avec le même métal que la coque et faire corps avec celle-ci.

La garniture insubmersible des embarcations de sauvetage est confectionnée en liège plein, kapok ou autre substance reconnue de flottabilité au moins égale, recouvert de toile peinte.

Pour évaluer la puissance de flottabilité de cette garniture, par rapport à celle des caissons à air, il est admis qu'un volume donné de caissons à air équivaut au même volume de liège augmenté d'un quart.

Art. 84. — La capacité d'une embarcation s'obtient en prenant les six dixièmes du produit en mètres cubes, de la longueur hors bordé par la largeur hors bordé et par le creux.

Le creux des embarcations dont la fargue est munie d'ouvertures pour les avirons se mesure seulement à partir du fond de ces ouvertures.

Il est déduit de la capacité, calculée comme ci-dessus, des embarcations à moteur mécanique, à vapeur ou autre, répondant aux conditions fixées par l'article 78, l'espace qu'occupe le moteur et ses accessoires, espace qui est réputé égal au produit en mètres cubes de la longueur totale des appareils évaporatoires et moteur par la largeur extrême et par le creux de l'embarcation.

Dans le cas où le moteur est à pétrole, à essence ou à alcool, il n'y a lieu à aucune déduction de la capacité, mais il est tenu compte du poids du moteur, comme il est indiqué à l'article suivant.

Art. 85. — Le nombre de personnes que peut contenir une embarcation s'obtient en divisant la capacité intérieure de cette embarcation par 0^{m},250, s'il s'agit d'une embarcation du type n° 1 et par 0^{mc},200, s'il s'agit d'une autre embarcation.

Toutefois si l'embarcation est pourvue d'un moteur à pétrole, à essence ou à alcool, le nombre des personnes pouvant y prendre place est réduit du nombre obtenu en divisant par 90 le poids total exprimé en kilogramme des moteurs, ligne d'arbres, hélice, accessoires, approvisionnements et réservoirs nécessaires à la propulsion mécanique.

Art. 86. — Les embarcations sont installées de manière à pouvoir être promptement mises à la mer et sont, autant que possible, réparties également de chaque bord.

Toute embarcation doit pouvoir être dégagée de ses chantiers et de ses saisines facilement et sans l'aide d'aucun instrument : les tampons de nables doivent toujours être fixés dans le fond de l'embarcation et, autant que possible, en place.

La moitié au moins des embarcations prévues par les articles précédents sont placées sous porte-manteaux et installées de manière à pouvoir être mises à l'eau en moins de cinq minutes, si elles sont placées à l'intérieur, en moins de deux minutes, si elles se trouvent déjà à l'extérieur, ces durées étant comptées à partir du moment où le personnel de manœuvre est réuni à son poste.

Toutes les embarcations doivent être garnies extérieurement de guirlandes en filin pour permettre de s'accrocher.

Pour les embarcations placées sous porte-manteaux, les garants des palans doivent avoir une longueur suffisante pour amener jusqu'à l'eau, le navire étant lège ; le croc de la poulie inférieure ne doit pas s'engager sous les bancs. Les étuis et capots sont tenus en place par un procédé permettant de les larguer instantanément.

Les entremises des bossoirs doivent être garnies de tireveilles ayant une longueur suffisante pour permettre de s'y tenir jusqu'à ce que l'embarcation soit complètement amenée, le navire étant lège.

Des échelles de corde, à raison d'une au moins par jeu de bossoirs, doivent être disposées le long du bord pour permettre au personnel de descendre dans les embarcations ou sur les radeaux qui auront été mis à l'eau.

Lorsqu'une seule embarcation suffit, elle doit toujours être disposée de manière à pouvoir être mise à l'eau indifféremment d'un bord ou de l'autre.

Sur les navires à voiles, les embarcations de sauvetage sont placées de façon qu'elles ne gênent pas les manœuvres.

Chaque embarcation de sauvetage est munie de :

Une ancre flottante et quatre litres au moins d'huile végétale ou animale, avec un dispositif convenable pour le filage de l'huile et pouvant être amarré à cette ancre ;

Un jeu complet d'avirons avec leurs sauvegardes, plus un armement de rechange pour un banc ;

Deux tampons pour chaque nable, attachés à l'embarcation avec des aiguillettes ou des chaînettes ;

Un jeu et demi de dames ou tolets en fer galvanisé attachés à l'embarcation par de solides aiguillettes ;

Un grappin ;

Un gouvernail et sa barre attachés par des sauvegardes montés et prêts à servir ou un aviron de queue ;

Une bosse de 35 mètres de longueur au moins ;

Une gaffe ;

Un seau et une écope ;

Une boîte étanche de signaux pyrotechniques comprenant au minimum trois feux rouges à allumage automatique et ce qui est nécessaire pour leur inflammation;

Un coffre pour serrer les menus objets de matériel.

Les embarcations du type n° 1 doivent, au nombre de 4 au moins et dans la limite du tiers du nombre total des embarcations du navire, être munies d'un armement comprenant :

Deux hachettes;

Au moins un mât et une voile avec le gréement correspondant;

Un compas;

Un fanal garni, pouvant brûler au moins pendant huit heures;

Le matériel d'armement ci-dessus est maintenu dans les embarcations par des jarretières ou des rabans faciles à larguer.

Sur tout navire ne possédant pas d'embarcation de sauvetage du type n° 1, l'embarcation de sauvetage n° 2 (ou l'une au moins des embarcations de ce type, si le navire en possède plusieurs) doit être pourvue d'un compas.

Art. 87. — Lorsque, sur les navires à passagers de la 1re catégorie, les embarcations de sauvetage prescrites par le tableau annexé à l'article 79 n'offrent pas une place suffisante pour toutes les personnes présentes à bord, il y est adjoint assez d'embarcations d'espèces et de dimensions quelconques ou de radeaux de sauvetage pour que la capacité totale des différentes embarcations et des radeaux dépasse la capacité minimum inscrite dans la troisième colonne du tableau, des trois quarts au moins sur les navires de 5.000 tonneaux de jauge et au-dessus, de moitié au moins sur les autres.

Il ne peut être exigé toutefois plus d'embarcations supplémentaires ou de radeaux de sauvetage qu'il n'est nécessaire pour contenir ou porter, avec les embarcations réglementaires, toutes les personnes qui, au cours du voyage, seront présentes à bord.

De même, lorsque sur les navires à passagers de la 1re catégorie, le nombre des personnes présentes à bord est inférieur à celui que peuvent contenir, d'après la règle fixée à l'article 85, les embarcations spécifiées au tableau de l'article 79, le capitaine est autorisé à ne conserver que le nombre de ces embarcations nécessaires pour contenir toutes les personnes qui, au cours du voyage, seront présentes à bord.

Sur les navires à passagers de la 2e catégorie, il doit y avoir à bord, en dehors des embarcations prévues à l'article 80, des embarcations supplémentaires d'espèces ou de dimensions quelconques, ou des flotteurs individuels ou non, en nombre suffisant pour pouvoir contenir, porter ou soutenir, avec les embarcations exigées, toutes les personnes qui, au cours du voyage, seront présentes à bord.

Art. 88. — Les radeaux de sauvetage sont construits, soit avec des caissons à air étanches en cuivre, en laiton, en zinc ou en fer galvanisé, très solides, et dont les compartiments n'aient pas plus de $1^{m},20$ de longueur, soit avec des éléments en liège plein ou autre substance reconnue de flottabilité égale, recouverts de toile peinte.

L'armement doit être placé de telle manière que les radeaux puissent être utilisés sur les deux faces.

Art. 89. — Le nombre de personnes que peut supporter un radeau de sauvetage à caissons métalliques est déterminé par le volume des caissons à air étanches dont il dispose à raison de 12 personnes par mètre cube.

Lorsque les radeaux de sauvetage comportent, au lieu de caissons à air, des éléments en liège plein ou autre substance reconnue de flottabilité égale recouverts de toile peinte, le volume de ceux-ci doit être supérieur d'un quart à celui des caissons à air.

Art. 90. — Les radeaux de sauvetage sont installés à bord de manière à pouvoir être promptement mis à la mer.

Ils doivent pouvoir flotter automatiquement une fois le navire immergé.

Les radeaux sont munis :

De guirlandes en filin pourvues d'attrapes en ligne terminées par de petits flotteurs;

D'avirons (de préférence à pelle large) en nombre proportionné à leur dimension ;

Et d'une bosse d'au moins 35 mètres.

L'armement comprend, en outre, un mât de fortune et sa voile, une ancre flottante et une boîte étanche de signaux pyrotechniques, le tout satisfaisant aux conditions fixées dans l'article 86.

Ce matériel est maintenu sur les radeaux par des jarretières ou des rabans faciles à larguer.

Art. 91. — Est considéré comme flotteur tout corps insubmersible, tel qu'un siège ou un caisson placé sur le pont de manière à pouvoir être facilement mis à l'eau. Il doit être entouré d'une ligne en guirlande et offrir une périphérie suffisante pour que chaque personne qu'il est destiné à soutenir dispose, pour s'appuyer, d'un espace horizontal de 30 centimètres au moins, mesuré suivant le bord extérieur du flotteur.

Le liège en grains, déchets ou copeaux, ne doit pas entrer dans la construction ou la fabrication des éléments des radeaux de sauvetages ou des flotteurs, non plus qu'aucune autre substance sans cohésion.

Il ne doit pas être fait usage des flotteurs ayant besoin d'être gonflés au moment d'être utilisés.

Le nombre de personnes qu'un flotteur peut soutenir s'obtient en divisant par 15 le poids de fer exprimé en kilogrammes, complètement immergé, que le flotteur peut soutenir sans couler.

Les flotteurs sont disposés de façon à pouvoir être dégagés aisément en cas de sinistre.

Art. 92. — Tout navire, à quelque catégorie qu'il appartienne, doit avoir à bord autant de bouées de sauvetage que d'embarcations et autant de gilets, plastrons, cordelières ou brassières de sauvetage qu'il y a de personnes embarquées; mais il ne peut, en aucun cas, y avoir à bord moins de deux bouées.

Une au moins des bouées de sauvetage embarquées soit sur les navires de la première catégorie, soit sur les navires de la deuxième catégorie transportant des passagers, doit être lumineuse.

Art. 93. — Les bouées de sauvetage doivent être confectionnées avec du liège plein, du kapok ou une autre substance de flottabilité au moins égale.

Le liège en grains, déchets ou copeaux, ne doit jamais entrer dans la construction ou la fabrication des bouées de sauvetage, non plus qu'aucune autre substance sans cohésion.

Elle doivent pouvoir flotter au moins pendant vingt-quatre heures consécutives en soutenant, sans couler, une masse de fer complètement immergée, du poids de 15 kilogrammes.

Toutes les bouées de sauvetage doivent être garnies de filières; une au moins de chaque bord doit, de plus, être munie de tirevieilles avec flotteurs.

Les bouées de sauvetage doivent être placées à bord en des endroits aisément accessibles pour tous, et particulièrement pour les officiers et hommes de quart.

Elles doivent pouvoir être facilement et rapidement détachées, sans l'aide d'aucun instrument.

ART. 94. — Les plastrons, gilets, cordelières et brassières de sauvetage doivent pouvoir flotter pendant au moins vingt-quatre heures en soutenant sans couler, une masse de fer complètement immergée, en eau douce, du poids de 6 kilogr. 800.

Ils doivent pouvoir être revêtus facilement et rapidement et se fixer solidement au corps, sous les bras, sans glisser vers la partie inférieure du corps.

L'emploi de plastrons, gilets, cordelières ou brassières de sauvetage ayant besoin d'être gonflés au moment d'être utilisés est interdit.

Une brassière de sauvetage devra être placée à portée de la couchette de chaque homme d'équipage et de chaque passager.

D'autres brassières supplémentaires, dans la proportion de 15 p. 100 pour les navires de la première catégorie et dans celle de 5 p. 100 pour les autres navires, sont réparties sur le pont, sur les passerelles et dans des caissons portant d'une façon bien apparente l'indication de leur contenu. Elles sont placées de préférence près des embarcations de sauvetage, en des endroits toujours facilement accessibles sans l'intervention des hommes du bord.

Les officiers du bord doivent donner aux passagers, dans le moindre délai, les instructions nécessaires pour l'utilisation de leur brassière.

En outre, une notice affichée dans les cabines et entreponts affectés aux passagers, ainsi que dans les postes d'équipage, indique pour chaque personne l'emplacement où se trouvent la brassière, le gilet, la cordelière ou le plastron qui lui est réservé et contient des instructions pour l'usage de ces objets.

Cette notice indique aussi l'emplacement des engins supplémentaires.

Sur les navires à passagers de la première catégorie, il doit être procédé, dès le départ, à un appel aux postes d'évacuation, chaque personne devant se présenter munie de son engin de sauvetage individuel.

Il sera fait mention de cet appel au journal de bord.

Sur les autres navires, les appels doivent être fréquents et effectués dans des conditions analogues.

L'ordre de mettre à la mer les engins de sauvetage et l'ordre d'embarquer ne peuvent être donnés que par le commandant ou, à défaut, par l'officier qui le remplace.

Art. 95. — Toutes les embarcations ainsi que les radeaux, flotteurs, bouées, plastrons, gilets, cordelières et brassières de sauvetage portent extérieurement le nom du navire auquel ils appartiennent, ainsi que l'indication de son port d'immatriculation.

Les embarcations, radeaux et flotteurs, sauf sur les navires de plaisance, indiquent le nombre des personnes qu'ils peuvent contenir, porter ou soutenir.

L'inventaire des objets d'armements et des vivres qu'ils renferment y est, en outre, inscrit.

Art. 96. — Tout navire ayant des compartiments étanches en nombre suffisant pour qu'il puisse flotter avec l'un quelconque de ses compartiments envahi par l'eau peut n'avoir à bord que la moitié des embarcations supplémentaires et radeaux prévus par l'article 87 du présent règlement; mais cette dispense ne s'étend, en aucun cas, aux plastrons, gilets, cordelières et brassières de sauvetage.

Art. 97. — Il doit y avoir à bord de tout navire :

a) Un appareil porte-amarres d'une portée de 200 mètres au moins comportant de préférence l'emprunt de la voie aérienne, et pourvu de deux lignes de rechange.

Si le navire est pourvu uniquement de fusées porte-amarres, il doit en posséder au moins trois, enfermées dans des caisses métalliques étanches.

b) Un appareil de va-et-vient genre bouée-culotte susceptible d'assurer les communications avec la terre, et les instructions afférentes à l'usage de cet appareil.

Art. 98. — A chaque visite de partance, ou tous les trois mois au moins si les visites de partance sont faites chaque mois, l'inspecteur de la navigation peut exiger qu'une embarcation qu'il désignera soit mise à l'eau en sa présence, afin de constater le bon état de fonctionnement des portemanteaux et autres appareils.

Pour l'amenage, chaque canot, outre son équipement complet, doit avoir au moins deux hommes à bord.

L'inspecteur de la navigation peut se faire présenter, à chaque visite, le journal de bord, de l'examen duquel il doit résulter :

a) Qu'il est fait, une fois par semaine, sur les navires à passagers, un exercice général au cours duquel tous les officiers et tous les hommes de l'équipage doivent se porter aux postes qui leur sont assignés pour la manœuvre des embarcations et pour la défense contre l'incendie;

b) Que, sur tous les navires, il est fait, après chaque armement et deux fois au moins dans le courant de chaque année, une mise à l'eau effective de toutes les embarcations de sauvetage et, tous les mois, un exercice de mise en dehors de celles de ces embarcations qui sont placées sous porte-manteaux;

c) Que tous les engins de sauvetage subissent chaque mois une visite permettant de constater qu'ils sont en état de servir en cas de besoin.

Tout navire de la première catégorie doit être muni d'un rôle d'évacuation et d'un rôle d'incendie indiquant les dispositions à prendre en vue du sauvetage du personnel (passagers et équipage).

Ces rôles doivent prévoir :

La manœuvre des appareils divers, pompes et autres, contre l'incendie et l'envahissement de l'eau;

Les signaux d'alerte et d'alarme à l'intérieur et l'extérieur du navire;

La fermeture des postes étanches, vannes, etc.;

L'équipement des embarcations et radeaux et leurs manœuvres de mise à l'eau;

Les services d'ordre aux passages et échelles;

Les emplacements assignés aux groupes de passagers;

Les divers points d'embarquement de tout le personnel et sa répartition par embarcations et radeaux.

Des postes individuels doivent être assignés aux officiers, aux hommes d'équipage et aux agents de service, le soin de diriger les passagers incombant plus spécialement à ces derniers.

Les passagers doivent être répartis en groupes encadrés par des officiers et chefs de service.

Pour chaque embarcation, il doit y avoir à bord un nombre minimum de canotiers suffisamment exercés à la manœuvre et à la nage.

Art. 99. — A bord des navires de la première catégorie, les embarcations de sauvetage sont pourvues d'un approvisionnement en eau potable et en biscuit de bonne qualité, ou son équivalent en conserves, calculé à raison de 2 kilogr. 500 de biscuit ou, à défaut, de 1 kilogr. de conserve de bœuf et de 6 litres d'eau pour chacune des personnes pouvant y prendre place.

Sur les mêmes navires, les radeaux de sauvetage sont pourvus d'un approvisionnement de même nature, calculé à raison de 2 kilogr. de biscuit ou de son équivalent en conserves et de 3 litres d'eau par personne pouvant y prendre place.

Cet approvisionnement doit être placé de telle façon qu'il puisse être retiré des deux faces du radeau.

Art. 100[1] *(texte nouveau, conforme au décret du 7 mars 1913).* — Tout bâtiment de pêche doit avoir à bord au moins une embarcation de sauvetage appartenant aux types n° 1 ou n° 2 déterminés par l'article 78, les embarcations de pêche, doris ou warys étant, quelle que soit leur capacité, assimilées aux embarcations du type n° 3.

Toutefois, aucune embarcation des types n° 1 ou n° 2 n'est exigée à bord des bâtiments utilisant pour la pêche des doris ou warys d'au moins 3 mètres cubes de capacité intérieure, si des doris ou warys munis d'un boudin de kapok ou de liège de 12 centimètres de diamètre et d'une longueur d'au moins $6^{m},60$, ou de tout système de garnitures insubmersibles équivalent, y sont affectés au sauvetage, et si les embarcations de ce genre sont en nombre suffisant pour contenir, en portant chacune cinq hommes au maximum, tout le personnel du bord.

Chacun de ces doris ou warys est muni des objets énumérés ci-après :

2 jeux d'avirons et de tolets;

1 écope ou un autre objet analogue pouvant servir à vider l'embarcation;

1 compas;

1 signal pyrotechnique et 1 fanal avec ce qui est nécessaire pour les allumer;

4 jours de vivres et d'eau à raison de 600 grammes de biscuit et de 1 litre d'eau par homme et par jour.

Les doris ou warys munis de garnitures insubmersibles sont séparés des doris ou warys ordinaires et ne sont employés pour la pêche qu'à défaut de ces derniers. Il doit toujours en être gardé à bord un nombre suffisant pour contenir, à raison de cinq hommes par embarcation, le personnel resté sur le navire.

1. Cet article portait auparavant le N° 101.

Art. 101 [1]. — Sous réserve des dispositions prévues au dernier alinéa de l'article 87, tout bâtiment de pêche transportant des marins pêcheurs passagers doit avoir à bord au moins deux embarcations de sauvetage appartenant à l'un des types déterminés par l'article 78 du présent règlement.

Les bâtiments qui emploient pour la pêche des embarcations s'éloignant du navire sont approvisionnés de torches, fusées ou autres artifices permettant, par temps de brume, de faire rallier ces embarcations.

Les embarcations expédiées de la côte de Terre-Neuve ou des navires pour pêcher sur les bancs de Terre-Neuve portent à l'arrière et à l'avant, sur chaque bord, le nom du bâtiment duquel elles dépendent et celui du port d'attache de ce bâtiment. Elles sont pourvues d'un compas, d'un aviron de rechange, d'au moins 4 kilog. 500 de biscuit et de 6 litres d'eau.

Art. 102 *nouveau* (Décret du 4 août 1910) remplace l'article 100 ancien. — « L'eau destinée aux embarcations prévues aux articles 99, 100 et 101 est enfermée dans les barils de galère à fermeture étanche, mais facilement démontable.

« L'approvisionnement doit être renouvelé toutes les semaines. A chaque récipient contenant une réserve d'eau est attachée une pipette ou une moque allongée pouvant pénétrer dans la bonde.

« Les vivres sont enfermés dans des boites métalliques étanches et d'ouverture facile; leur approvisionnement doit être visité au moins tous les trois mois par l'autorité compétente et renouvelé s'il y a lieu.

« Les embarcations de sauvetage ne doivent contenir aucun objet en dehors de ces approvisionnements et de leur armement. »

Art. 103. — Les navires de plaisance sont assimilés aux navires de la 2e catégorie.

Tout navire de plaisance, sauf les yachts de course, doit avoir à son bord :

S'il a moins de 100 tonneaux, une embarcation propre au sauvetage, dont le cubage pourra être de moins de 3 mètres cubes;

Entre 100 et 200 tonneaux, une ou plusieurs embarcations propres au sauvetage, dont le cubage total doit être de 3 mètres cubes;

Au-dessus de 200 tonneaux, deux embarcations propres au sauvetage, dont le cubage doit être, pour chacune, de 3 mètres cubes.

1. Cet article portait auparavant le N° 102.

Sont applicables aux navires de plaisance le premier paragraphe de l'article 92, les deux premiers paragraphes de l'article 94, le premier alinéa de l'article 95 jusqu'aux mots « auxquels ils appartiennent ». Les marques peuvent être placées à l'intérieur des embarcations et des engins de sauvetage.

Est aussi applicable le premier alinéa de l'article 98.

Les dispositions de l'article 97 ne sont applicables aux navires de plaisance que lorsque ces navires jaugent plus de 350 tonneaux.

CHAPITRE VI

Matériel médical et pharmaceutique.

Art. 104 (*texte nouveau*). — Tout navire doit être pourvu d'un matériel médical pharmaceutique, conformément aux dispositions prévues aux tableaux annexés au présent décret, selon la durée et la nature de sa navigation et selon le nombre des personnes embarquées. Ce matériel est constitué, soit par une boîte de secours, soit par un ou plusieurs des coffres A, B, C, D, E, F, prévus aux dits tableaux, et comporte les médicaments à usage interne, les médicaments à usage externe et les objets de pansement, appareils et ustensiles dont la nomenclature est fixée par arrêté du ministre chargé de la marine marchande, après avis du conseil supérieur de la marine marchande.

La boîte de secours renferme les médicaments, objets de pansement et menus ustensiles, indispensables pour permettre de donner les premiers soins à des hommes blessés ou tombés malades à bord de navires faisant de très courts séjours en mer, en attendant le retour à terre permettant un traitement plus complet.

Le coffre A et le coffre B contiennent le matériel médical et pharmaceutique d'usage courant nécessaire pour permettre aux capitaines de navires naviguant sans médecin d'assurer, avec l'aide de l'instruction médicale réglementaire, le traitement externe ou interne des hommes blessés ou tombés malades à bord de navires, le coffre A s'appliquant aux navires qui font des voyages de quelques jours seulement, le coffre B à ceux qui effectuent des séjours à la mer d'une plus longue durée dans des parages éloignés.

Les coffres C, D, E, F sont destinés aux navires à passagers pour lesquels est prévu l'embarquement d'un médecin.

Les coffres C et D contiennent les médicaments, objets de pansement, appareils et ustensiles divers employés dans les cas les plus usuels par un médecin pour le traitement des maladies ou des blessures et s'appliquent, le coffre C aux navires naviguant dans les mers d'Europe ou hors des mers d'Europe dans les limites du cabotage international, le coffre D aux navires effectuant des voyages hors de ces limites.

Les coffres E et F renferment un matériel instrumental d'exploration clinique et de chirurgie d'importance plus ou moins grande suivant les différenciations établies au paragraphe précédent.

Art. 104 *bis*. — S'il s'agit d'un navire astreint, en vertu de l'article 118 ci-après, à embarquer un médecin, il doit, en outre, être pourvu, eu égard aux régions où le navire doit se rendre, d'un approvisionnement de vaccins et sérums dont la composition et le renouvellement seront déterminés, après avis du médecin du bord, par le médecin chargé de l'inspection du matériel médical et pharmaceutique aux termes de l'article 110 du présent décret.

Il doit également posséder un matériel sommaire de bactériologie dont la composition est déterminée par la nomenclature visée au paragraphe 1er de l'article 104 ci-dessus et permettant d'effectuer les recherches essentielles en vue du diagnostic des maladies transmissibles.

Art. 105. — Lorsqu'il existe un local affecté à la pharmacie, les médicaments toxiques sont renfermés dans une armoire spéciale fermant à clef, dite « armoire aux poisons ». Si le navire ne comporte pas de pharmacie, les médicaments toxiques sont enfermés dans un coffre spécial ou dans un compartiment du coffre réglementaire distinct et fermant à clef.

Art. 106. — Les appareils, ustensiles et instruments de chirurgie sont disposés dans des armoires ou caisses spéciales distinctes de celles qui contiennent les médicaments.

Les objets de pansement sont également renfermés dans un coffre ou un compartiment à part.

Ces différents coffres doivent toujours être placés dans des locaux facilement accessibles. Les vaccins et sérums seront conservés en glacière ou en chambre frigorifique.

Art. 107. — La liste de tous les médicaments, objets ou ustensiles contenus dans un coffre ou une armoire est inscrite sur le fond du couvercle du coffre ou sur la porte de l'armoire.

Sur les navires ne comportant pas de local affecté à la pharmacie, lorsque l'importance du matériel médical et pharmaceutique exige la ré-

TABLEAU DÉTERMINANT LE MATÉRIEL MÉDICAL ET PHARMACEUTIQUE DONT DOIVENT ÊTRE POURVUS LES NAVIRES DE COMMERCE, DE PÊCHE ET DE PLAISANCE DE PLUS DE 25 TONNEAUX DE JAUGE BRUTE (Art. 104)

TABLEAU A

Navires n'étant pas astreints à embarquer un médecin.

CATÉGORIES DE NAVIRES.	NATURE DU COFFRE A EMBARQUER.	OBSERVATIONS.
1° Navires naviguant au bornage, à la pêche côtière ou dans le voisinage immédiat des côtes et dont les séjours en mer ne dépassent pas quelques heures.	1 boite de secours.	Les quantités de médicaments pour l'usage externe et objets de pansements sont doublées lorsqu'il s'agit de navires à vapeur ou à propulsion mécanique.
2° Navires naviguant au cabotage national ou cabotage international dans les mers d'Europe, ou à la pêche au large :		
Ayant à bord moins de 16 personnes, équipage compris...........	1 boite de secours.	Idem.
Ayant à bord 16 personnes ou plus, équipage compris......	1 coffre A.	
3° Navires naviguant aux grandes pêches :		
Chalutiers ayant à bord moins de 50 hommes......................	1 coffre B.	Les coffres devront être réapprovisionnés suivant les quantités réglementaires en cours de campagne lorsque le navire touchera un port de France.
Chalutiers ayant à bord 50 hommes ou plus ou effectuant une campagne de plus de six mois sans rentrer en France................	2 coffres B.	
Voiliers..	2 coffres B.	
4° Navires naviguant au long cours ou au cabotage international hors des mers d'Europe :		
Navires effectuant des voyages de moins de six mois et ayant à bord :		
Moins de 50 personnes..	1 coffre B.	Dans le cas où est prévu l'embarquement de 2 ou 3 coffres B; il n'y a pas lieu de doubler ou de tripler les quantités prévues pour les appareils et ustensiles divers.
50 personnes ou plus...	2 coffres B.	
Navires effectuant des voyages de six mois ou plus, et ayant à bord :		
Moins de 50 personnes..	2 coffres B.	
50 personnes ou plus...	3 coffres B.	

TABLEAU B

Navires astreints à embarquer un médecin.

CATÉGORIES DE NAVIRES.		NATURE DU COFFRE A EMBARQUER.	OBSERVATIONS.
Navires naviguant dans les mers d'Europe ou à destination des côtes du Maroc, de l'Algérie et de la Tunisie.		1 coffre C (médicaments) et 1 coffre E (matériel chirurgical).	Les quantités de médicaments et objets de pansements sont doublées chaque fois que le nombre des personnes embarquées est supérieur à 1.200 personnes, équipage compris.
Navires naviguant hors des mers d'Europe, effectuant des voyages d'une durée de :			
Moins de 3 mois....	1.200 personnes embarquées ou moins........	1 coffre D.	Dans le cas où est prévu l'embarquement de 2 ou 3 coffres D, il n'y a pas lieu d'augmenter les quantités prévues pour les appareils, ustensiles divers et instruments de chirurgie.
	Au-dessus..................................	2 coffres D.	
De 3 à 6 mois......	1.200 personnes embarquées ou moins.........	2 coffres D.	
	Au-dessus..................................	3 coffres D.	
Au-dessus de 6 mois.	1.200 personnes embarquées ou moins........	3 coffres D.	
	Au-dessus..................................	4 coffres D.	
		Les navires naviguant hors des mers d'Europe doivent, en outre, embarquer dans tous les cas un coffre F contenant le matériel chirurgical.	

partition de ce matériel entre plusieurs caisses, la caisse contenant les médicaments pour l'usage interne, celle dans laquelle sont renfermés les médicaments pour l'usage externe et celle qui est réservée aux objets de pansement sont de couleurs différentes ou portent des signes extérieurs permettant de les reconnaître facilement.

Art. 108. — Les récipients sont munis d'étiquettes indiquant très lisiblement le nom des médicaments qu'ils contiennent.

Les liquides toxiques sont placés dans des fioles ou flacons portant des étiquettes en papier rouge orangé et une bande circulaire en papier de même couleur, de 1 à 3 centimètres de largeur, selon la dimension des récipients, collée sur toute leur circonférence. Ces mêmes fioles sont munies d'une seconde étiquette en papier rouge orangé sur laquelle le mot **POISON** est imprimé ou écrit en lettres majuscules.

Art. 109. — Les médicaments sensibles à l'action de la lumière sont conservés dans des récipients en verre jaune ou noir et les herbes médicinales dans des bocaux en verre ou dans des boîtes en fer-blanc.

Les médicaments ne peuvent être conservés dans des sacs en papier qu'autant que ces sacs sont renfermés à leur tour dans des récipients en verre ou des boîtes en fer-blanc. Pour les poudres médicamenteuses divisées par paquets, chaque paquet doit être pourvu d'une étiquette lisible indiquant le nom de la substance et son poids, et son usage interne ou externe.

Art. 110. — Les coffres à médicaments, objets de pansement, appareils et instruments de chirurgie, sont visités dans les ports de France, lorsque six mois se sont écoulés depuis la dernière visite.

Cette visite a lieu, soit à bord, soit au bureau de l'inscription maritime, si le propriétaire ou son représentant le désire, en présence du capitaine ou de son délégué et du médecin du navire, s'il y en a un.

Elle est effectuée, sur la réquisition de l'inspecteur de la navigation, par le médecin membre de la commission prévue à l'article 4 de la loi du 17 avril 1907, sous réserve, le cas échéant, de l'application des lois des 1er août 1905 et 25 juin 1908 sur la répression des fraudes.

Une fois visités, les coffres sont scellés et placés dans un local fermant à clef; si les médicaments sont placés dans une pharmacie, ce local doit être fermé à clef.

Tout navire est muni d'une instruction médicale approuvée par le ministre de la marine ; s'il y est embarqué un médecin, il doit en outre y avoir à bord un exemplaire du Codex français.

Tout navire dont l'effectif, équipage et passagers réunis, atteint le chiffre de 100 personnes, et qui fait, soit une traversée dont la durée normale dépasse quarante-huit heures, soit des traversées successives dont la durée totale dépasse sept jours, doit avoir à bord un médecin pourvu du certificat d'aptitude aux fonctions de médecin sanitaire maritime.

Il doit être embarqué un second médecin pourvu du même certificat si l'effectif de l'équipage et des passagers embarqués atteint le chiffre de 1.200 personnes et si le navire doit effectuer une traversée dont la durée normale dépasse sept jours.

Art. 111. — Tout navire destiné à naviguer au long cours ou à effectuer, au cabotage international ou au grand cabotage national, des traversées d'une durée normale de plus de quarante-huit heures, et devant embarquer plus de 100 personnes, est pourvu d'un appareil à désinfecter autorisé suivant les prescriptions des règlements en vigueur et conforme à un modèle approuvé par le conseil supérieur de santé de la marine.

Il doit être de dimension suffisante pour permettre de désinfecter les objets de literie.

CHAPITRE VII

Règles de calcul du tirant d'eau maximum. Marques de franc-bord.

Art. 112. — Tous les navires, quelle que soit leur affectation, doivent porter sur leur coque, au milieu de la longueur de chaque bord, une marque déterminant, d'une façon apparente, la limite supérieure d'immersion qu'il est licite d'atteindre.

Cette marque, dite « marque de franc-bord », consiste en un disque de 300 millimètres de diamètre, peint en blanc ou en jaune sur un fond foncé ou en noir sur un fond clair, traversée par une ligne horizontale de 460 millimètres de long, dont l'arête supérieure passe par le centre du disque

Le disque et la ligne horizontale ont une largeur de 25 millimètres.

L'arête supérieure de la ligne horizontale indique la ligne de charge maximum d'été en eau de mer. Sa position est déterminée comme il est dit à l'article 113 ci-après.

Sur les navires à vapeur, la marque de franc-bord proprement dite est complétée par des marques correspondant au franc-bord en eau douce, au franc-bord d'hiver, au franc-bord dans l'Atlantique Nord et au franc-bord d'été dans les mers tropicales.

Sur les navires à voiles, la marque de franc-bord proprement dite est complétée par des marques correspondant au franc-bord en eau douce et au franc-bord d'hiver. Toutes ces marques complémentaires consistent en des lignes horizontales de 230 millimètres de longueur et de 25 millimètres de largeur, peintes de la même couleur que le disque et disposées perpendiculairement à une ligne verticale tracée à 52 centimètres à l'avant du centre du disque.

La ligne correspondant au franc-bord en eau douce est dirigée vers l'arrière ; les autres lignes sont dirigées vers l'avant.

Art. 113. — Au-dessus du disque est tracée une ligne horizontale, dite

« ligne de pont réglementaire », peinte de la même couleur que le disque, ayant 30 centimètres de longueur avec une épaisseur de 25 millimètres et dont le milieu est à l'aplomb du centre du disque.

La position de l'arête supérieure de cette ligne par rapport au pont du navire et la distance (franc-bord) de cette arête supérieure au centre du disque, ainsi que la position, par rapport au centre du disque, des diverses marques complémentaires ci-dessus définies, doit répondre aux indications portées sur un certificat qui est établi conformément aux prescriptions d'un règlement de franc-bord dressé par une société de classification reconnue et approuvé par un décret rendu sur le rapport de M. le Ministre de la Marine, après avis du conseil supérieur de la navigation maritime.

Le certificat susvisé doit émaner d'une société de classification reconnue.

Art. 114. — Les documents relatifs au franc-bord peuvent porter, pour les navires à voiles, l'indication des réductions dont chacun de ces navires bénéficie dans certains états de chargement, conformément aux dispositions du règlement prévu à l'article précédent.

Art. 115. — Outre ses marques de franc-bord, le navire doit porter, sur l'étrave et sur l'étambot (étambot arrière des vapeurs) et d'un bord au moins, une échelle de tirant d'eau en décimètres, pointée au burin, peinte en noir sur fond clair, ou en blanc ou jaune sur fond foncé, et disposée de telle sorte que la partie inférieure de chaque chiffre corresponde au tirant d'eau qu'il indique.

CHAPITRE VIII

Calcul du nombre maximum de passagers.

Art. 116. — Lorsque le service auquel le navire est affecté, suivant la déclaration contenue dans le permis de navigation, comporte des traversées dont la durée normale de port à port dépasse quarante-huit heures, le calcul du nombre maximum de passagers qui peuvent être logés à bord se fait suivant les règles ci-après :

Pour les passagers de cabines, les cabines avec ou sans cabinet de toilette doivent représenter au minimum un volume d'air de $3^{mc},500$ par personne.

Pour les passagers d'entrepont, les entreponts supérieurs et les superstructures affectés au logement des passagers doivent représenter, pour chaque passager (non compris les enfants de moins de huit ans), un volume de $2^{mc},750$.

Ce volume est porté à 3 mètres cubes pour l'entrepont inférieur.

Les enfants au-dessous d'un an ne sont pas comptés dans le calcul du nombre de passagers et deux enfants de plus d'un an et de moins de huit ans sont comptés pour un passager.

Lorsqu'un hôpital est installé à demeure sur le navire, le nombre de personnes qu'il peut contenir, eu égard au cube d'air, entre dans l'évaluation du nombre total des passagers d'entrepont qui peuvent être admis à bord.

Les passagers de pont doivent disposer d'une surface horizontale de $1^{mq},15$ par personne.

Les dispositions qui précèdent sont applicables aux navires effectuant des traversées de moins de quarante-huit heures, mais comportant une nuit complète de séjour à la mer.

Lorsque les traversées ne comportent pas de séjour d'une nuit complète à la mer, ou lorsque le navire n'est pas affecté à des voyages proprement dits, mais à de courtes excursions de quelques heures ou à de simples promenades en mer, la commission de visite, avant mise en service, fixe le nombre maximum de passagers, d'après les conditions de solidité, de franc bord et de stabilité du navire. Il pourra être fixé pour un même navire plusieurs maxima applicables suivant les circonstances de bonne ou de mauvaise saison, les parages plus ou moins dangereux où devront se faire les sorties, le nombre d'embarcations et d'engins de sauvetage dont on disposera à bord.

Art. 117. — Pour être admis à transporter des marins pêcheurs entre la France et Saint-Pierre et Miquelon ou inversement, les bâtiments pêcheurs ou chasseurs doivent avoir, au moins, 100 tonneaux de jauge brute.

CHAPITRE IX

Personnel médical.

Art. 118. — Tout navire français, à voiles ou à vapeur, dont l'effectif, équipages et passagers réunis, atteint le chiffre de 100 personnes, et qui fait une traversée dont la durée normale dépasse quarante-huit heures, doit avoir à bord un docteur en médecine.

Il lui est adjoint un second médecin si l'effectif de l'équipage et des passagers réunis atteint le chiffre de 1.200 personnes et si la traversée doit durer plus de sept jours.

Art. 119. — Sur les navires ayant un médecin, lorsque le nombre des personnes embarquées dépasse 300 et lorsque le voyage comporte des traversées de plus de trois jours, ce médecin est toujours assisté d'une personne exclusivement affectée au service médical.

S'il y a plus de 1.200 personnes à bord, il est affecté à ce même service une seconde personne.

Art. 120. — Sur les navires ne comportant pas de médecin, le capitaine, à qui il appartient de donner des soins aux malades, conserve les clefs des coffres à médicaments et en est responsable.

CHAPITRE X

Fonctionnement de la commission supérieure. Procédure.

Art. 121. — Le président de la commission supérieure instituée par l'article 19 de la loi du 17 avril 1907 est nommé par le ministre de la Marine.

La commission ne peut délibérer valablement que si la moitié, au moins, des membres sont présents.

Les résolutions de la commission sont prises à la majorité des voix. En cas de partage, la voix du président est prépondérante.

Art. 122. — Les réclamations contre les décisions des commissions instituées en vertu des articles, 4, 6 et 8 de la loi du 17 avril 1907 doivent être formées, dans un délai de trois jours francs à partir du jour où l'administrateur de l'inscription maritime aura fait notification par écrit de la décision à l'armateur ou au capitaine. Elles sont motivées et déposées entre les mains de l'administrateur qui en donne un récépissé détaché d'un registre à souche.

Art. 123 *nouveau*. (Décret du 4 août 1910.) — « L'administrateur avise par la voie télégraphique le ministre de la Marine de la réclamation et lui transmet immédiatement la réclamation avec le procès-verbal dressé par la commission dont la décision est attaquée.

« Le ministre convoque par la voie postale, et au besoin par la voie télégraphique, les membres de la commission supérieure. Celle-ci doit se réunir dans le maximum de trois jours francs à partir de la réception de l'avis adressé à ses membres.

« Le dossier relatif à la réclamation est remis au président de la commission avant la séance pour laquelle la commission est convoquée. »

Art. 121. — Informé télégraphiquement par le ministre de la Marine de la date et de l'heure de la réunion de la commission supérieure, l'administrateur de l'inscription maritime porte, sans retard, ce renseignement à la connaissance de l'armateur, du propriétaire ou du capitaine qui a formé la réclamation et retire récépissé de cette communication.

ART. 125. — Lorsque la commission supérieure ne croit pas pouvoir prendre une décision sur le simple examen de la réclamation de l'armateur ou du capitaine et du procès-verbal de la commission locale, elle peut faire procéder à telles enquêtes ou expertises qu'elle juge nécessaires. Les enquêtes peuvent être confiées à un ou plusieurs membres qui se rendent à bord du navire en cause.

La commission ne peut désigner des experts ayant pris part aux opérations des commissions locales qui ont donné lieu à la réclamation.

Le résultat des enquêtes et des expertises est consigné dans des rapports écrits.

ART. 126. — Dans les colonies, la réclamation doit être remise au gouverneur ou au fonctionnaire délégué par lui à cet effet. Il en est délivré récépissé.

Le ministre de la Marine est saisi par câblogramme et, après avoir pris l'avis de la commission supérieure, fait connaître sa décision par la même voie.

A l'étranger, la réclamation est remise à l'autorité consulaire et la même procédure qu'au paragraphe précédent est suivie.

ART. 127. — Lorsque l'avis de la commission supérieure est provoqué en vertu de l'article 44 de la loi du 17 avril 1907, il est donné connaissance aux intéressés des actes de négligence ou des manquements dans l'exercice de leurs fonctions qui leur sont reprochés.

Un délai de cinq jours francs leur est imparti pour présenter leur défense soit par écrit, soit en comparaissant personnellement devant la commission supérieure.

CHAPITRE XI

Dispositions générales. — Publicité à donner à la loi et aux règlements d'administration publique.

Art. 128. — Pour les navires de commerce ayant moins de 200 tonneaux, pour les navires de pêche au-dessous de 200 tonneaux, s'ils sont à voiles, et au-dessous de 250 tonneaux, s'ils sont à vapeur ou à propulsion mécanique, pour les navires de plaisance de moins de 200 tonneaux, pour les yachts de course et pour les navires ayant des affectations spéciales, le ministre chargé de la marine marchande peut, sur l'avis de la commission supérieure, dispenser partiellement des prescriptions contenues dans les chapitres précédents, à l'exception des chapitres 3 et 7 pour les navires de commerce et de plaisance et du chapitre 3 pour les navires de pêche, s'il est reconnu que cette dispense ne peut avoir d'inconvénients.

Art. 129. — Le texte de la loi du 17 avril 1907, ainsi que celui des règlements d'administration publique rendus en exécution de ses prescriptions, doit se trouver à bord des navires de plus de 25 tonneaux et être communiqué par le capitaine, sur leur demande, aux personnes embarquées.

Il doit également être mis à la disposition des inscrits maritimes dans tous les quartiers et préposats de l'inscription maritime.

CHAPITRE XII

Dispositions transitoires.

Art. 130. — Les navires de plus de 25 tonneaux de jauge brute en service au moment de la mise en vigueur de la loi du 17 avril 1907 sont soumis aux dispositions suivantes :

1° Renseignements que doit contenir toute demande de permis de navigation.

A l'appui de la première demande de permis périodique de navigation, le propriétaire doit fournir les renseignements énumérés à l'article 3 du présent décret.

2° Prescriptions relatives à l'hygiène et à la salubrité.

Les postes d'équipages sont munis de sièges et de tables pour la moitié de l'effectif pour lequel il a été prévu des postes de couchage.

Sont applicables les dispositions des paragraphes 2, 3 et 4 de l'article 7, des paragraphes 1 et 2 de l'article 8, et les articles 11, 12 et 13 du présent règlement.

Sur les navires à passagers se livrant au long cours, des dispositions doivent être prises pour l'isolement des personnes malades, lorsque plus de cent personnes sont embarquées simultanément à bord.

Aucune modification n'est apportée aux installations des hôpitaux existant avant la mise en vigueur de la loi en ce qui concerne les dimensions et la disposition des couchettes, des coursives et des locaux annexes desdits hôpitaux.

3° Appareils à vapeur.

Aucune modification n'est exigée dans les dispositions des machines et appareils, lorsqu'elles sont conformes aux prescriptions des règlements antérieurs.

Les machines et chaudières en service sont soumises aux visites et épreuves prévues au présent règlement, à l'exception de l'épreuve initiale.

Toutefois, les surcharges d'épreuve ne dépasseront pas celles auxquelles les appareils étaient antérieurement soumis en vertu du décret du 1er février 1893.

4° *Instruments et documents nautiques, objets d'armement et de rechange.*

Tous les instruments et documents nautiques visés aux tableaux de l'article 67 sont exigés.

Tous les objets d'armement et de rechange prévus auxdits tableaux sont exigés en principe; la commission qui procède à la première visite du navire peut admettre des tolérances suivant le cas.

5° *Installations, embarcations, appareils ou engins de sauvetage.*

Les navires sont en principe soumis en ce qui concerne les embarcations et engins de sauvetage aux dispositions du présent règlement, à l'exception de celles qui seraient reconnues, par la première commission de visite, devoir entraîner des modifications notables d'aménagement et d'installation par rapport aux dispositions qui leur étaient imposées par le décret du 26 juin 1903.

6° *Matériel médical et pharmaceutique.*

Les coffres à médicaments composés conformément aux nomenclatures antérieures à la mise en vigueur de la loi seront admis pendant dix-huit mois.

7° *Règles de calcul du tirant d'eau maximum, marques de franc-bord.*

Tous les navires sont astreints à la réglementation concernant le franc-bord. Lorsque le navire est présenté à la commission de visite, les marques de franc-bord doivent être apposées conformément aux prescriptions des articles 112 à 115, à moins que le navire n'ait reçu, avant la promulgation du règlement d'administration publique, des marques de franc-bord apposées sous le contrôle d'une société de classification reconnue comme il est dit à l'article 1er n° 1 de la loi.

8° *Calcul du nombre maximum de passagers.*

Les propriétaires de navires ne sont pas tenus de modifier le nombre maximum de passagers fixé en vertu d'actes antérieurs.

9° Toutes les dispositions contenues dans les chapitres 9, 10 et 11 leur sont applicables.

Art. 131. — Sous réserve des dispositions spéciales aux navires de pêche et de plaisance contenues aux chapitres I à XI du présent règlement et dont peuvent se prévaloir les navires de pêche et de plaisance en service au moment de la mise en vigueur de la loi du 17 avril 1907 ces navires sont soumis aux prescriptions de l'article 130, sous les réserves suivantes :

Pour les navires de pêche, le numéro 2 est remplacé par la disposition suivante :

N° 2. *Locaux.* — Les parois et meubles sont recouverts d'une peinture ou enduit lavables.

L'éclairage de jour est assuré par des hublots de côté, par des verres prismatiques dans le pont ou par des claires-voies. Lorsqu'ils ne présentent pas de danger, il est établi sur chaque bord un nombre de hublots en rapport avec les dimensions des compartiments qu'ils éclairent.

L'éclairage de nuit est assuré au moyen d'appareils fixes.

L'échelle de descente et le capot doivent être d'un accès facile ; le capot doit pouvoir être fermé hermétiquement pour empêcher l'eau de tomber dans le poste.

Un espace est réservé en dehors du poste ou dans le poste même pour recevoir les effets cirés.

Un moyen de chauffage est fourni pour chaque logement. Quand il y est installé un fourneau de cuisine, une ouverture spéciale est pratiquée pour dégager le produit de la combustion.

Une manche à air avec pavillon est placée en un endroit convenable pour introduire l'air frais. L'évacuation de l'air vicié est assurée par une autre manche, des champignons, cols de cygne ou tout autre moyen efficace.

Pour les navires de plaisance le n° 2 est remplacé par la disposition suivante :

N° 2. *Locaux.* — Les parois et les meubles sont recouverts d'une peinture ou d'un enduit lavables.

L'éclairage est assuré par des hublots de côté ou des verres prismatiques dans le pont et par des claires-voies.

L'échelle de descente et le capot doivent être d'un accès facile; le capot doit pouvoir être fermé hermétiquement pour empêcher l'eau de tomber dans le poste.

Art. 132. — Les navires en construction au moment de la publication du présent décret seront soumis aux prescriptions des chapitres I à XI du présent règlement s'ils ne sont pas mis en service dans un délai maximum de deux ans, à partir de la même date.

Art. 133. — La justification d'un permis de navigation ou d'un certificat reconnu équivalent audit permis ne sera exigée des navires étrangers embarquant des passagers dans un port français que six mois après la mise en vigueur de la loi.

Art. 134. — Le ministre de la Marine et le ministre du Commerce et de l'Industrie sont chargés, chacun en ce qui le concerne, de l'exécution du présent décret, qui sera publié au *Journal officiel* et inséré au *Bulletin des lois.*

Fait à Rambouillet, le 21 septembre 1908.

A. Fallières.

Par le Président de la République :

Le ministre de la Marine,
Gaston Thomson.

Le ministre
du Commerce et de l'Industrie,
Jean Cruppi.

DÉCRET DU 7 AVRIL 1910

rendant applicables en Algérie la loi du 17 avril 1907 sur la sécurité de la Navigation Maritime et la Réglementation du travail à bord des navires de commerce.

Le Président de la République française,

Sur le rapport du président du conseil, ministre de l'Intérieur et des Cultes, et des ministres de la Marine et du Commerce et de l'Industrie,

Vu la loi du 17 avril 1907, concernant la sécurité de la navigation maritime et la réglementation du travail à bord des navires de commerce ;

Vu les règlements d'administration publique des 20 et 21 septembre 1908 et 10 avril 1909 et les décrets des 18 novembre 1908, 20 février, 26 mars et 1er septembre 1909 ;

Vu l'avis du conseil de gouvernement en date du 9 juillet 1909 et les propositions du gouverneur général de l'Algérie ;

Vu l'article 25 de la loi du 24 avril 1833 et l'article 4 de l'ordonnance du 29 juillet 1834,

Décrète :

Art. 1er. — Sont déclarés exécutoires en Algérie, sous réserve des modifications ci-après, la loi du 17 avril 1907 et les décrets susvisés des 20, 21 septembre, 18 novembre 1908, 20 février, 26 mars, 10 avril et 1er septembre 1909.

Les dispositions suivantes sont substituées aux paragraphes 2 et 4 de l'article 21 et au paragraphe 1er de l'article 25 de la loi :

Art. 21. — . . . .

§ 2. — Les navires d'une jauge brute supérieure à 1.000 tonneaux armés en Algérie, naviguant au cabotage international ou au grand cabotage national et accomplissant des voyages les éloignant de plus de 400 milles de tout port de l'Algérie, devront avoir à bord, avec le capitaine pour le service du pont au moins un officier en second et un lieutenant.

Cette règle sera appliquée aux navires armés en Algérie se rendant sur la côte occidentale du Maroc au delà du cap Spartel.

. . . .

§ 4. — Les navires d'une jauge brute inférieure à 1.000 tonneaux, mais supérieure à 200 tonneaux, armés en Algérie, naviguant au cabotage international ou au grand cabotage national et accomplissant des voyages les éloignant de plus de 400 milles de tout port de l'Algérie, doivent avoir à bord, avec le capitaine pour le service du pont, au moins un officier en second.

Cette règle sera appliquée aux navires armés en Algérie se rendant sur les côtes du Maroc au delà du cap Spartel.

. . . .

Art. 25. — § Ier. — Le personnel des machines comprend trois quarts dans la navigation au long cours ainsi que la navigation au cabotage international ou au grand cabotage national, lorsque le navire armé en Algérie accomplit des voyages l'éloignant de 400 milles de tout port algérien et si sa jauge brute est supérieure à 1.000 tonneaux.

Cette règle sera appliquée à partir du cap Spartel aux navires armés en Algérie se rendant sur la côte occidentale du Maroc.

Le règlement d'administration publique du 20 septembre 1908 prévu à l'article 34 de la loi détermine les autres cas dans lesquels l'équipage des machines devra être réparti en trois quarts.

. . . .

Art. 2. — Le gouverneur général exerce en Algérie les attributions qui sont dévolues dans la métropole au ministre de la Marine, au ministre du Commerce et de l'Industrie par les articles 4 et 44 de la loi.

Les communications à adresser au ministre de la Marine ou au ministre du Commerce et de l'Industrie concernant les opérations effectuées dans les ports de l'Algérie en vertu de la loi du 17 avril 1907, notamment dans les cas visés par les articles 123, 124 et 125 du décret du 21 septembre 1908, auront lieu par l'intermédiaire du gouverneur général.

Art. 3. — Les ministres de l'Intérieur et des Cultes, de la Marine et du Commerce et de l'Industrie sont chargés, chacun en ce qui le concerne, de l'exécution du présent décret, qui sera publié au *Journal officiel* et inséré au *Bulletin des lois* et au *Bulletin officiel* du gouvernement général de l'Algérie.

Fait à Paris, le 7 avril 1910.

A. Fallières.

TABLE DES MATIÈRES

TYPOGRAPHIE FIRMIN-DIDOT ET Cie. — MESNIL (EURE). — 1930.